Giampaolo Pacini

Consulenza&Distretto Industriale un rapporto conflittuale

Prato,
cinquant'anni fra percezione segnali deboli di
cambiamento,
grandi progetti e grandi delusioni per la loro
caduta nel nulla (o quasi!)

Mixnetwork Consulting
©2023

PREFAZIONE

Scrivere libri per me è stata una reazione a due fatti concomitanti: il lockdown, quando siamo stati costretti a trascorrere chiusi in casa durante la pandemia e l'abbandono della professione nel 2022, dopo 20 anni di vita aziendale e 47 di consulenza di management.

È un racconto della mia vita professionale dedicata "passionalmente" al distretto tessile di Prato, anche se oggettivamente è altrove che ho svolto la maggior parte della mia attività: ("nemo propheta in patria")

La conclusione dell'esperienza non è stata alla fine di grande successo, ma sicuramente di grande partecipazione e coinvolgimento emotivo.

Le analisi e i commenti, non certo lusinghieri, possono sembrare irriconoscenti verso un distretto che mi ha dato notevoli ricavi per progetti collettivi, ma sono motivati dalla constatazione che i risultati di questi interventi sono stati tutti - salvo uno - abbandonati prima dell'attuazione.

Prato, novembre 2023

1. LA PROFESSIONE: CONSULENZA DI STRATEGIA D'IMPRESA

Il profilo professionale, il contenuto della consulenza, il ruolo nel distretto, le pubblicazioni.

È insolito per un autore parlare di se stesso prima del contenuto del libro, ma in questo caso è particolarmente importante che, leggendo il testo, si possa valutare il suo background, e quindi l'attendibilità delle affermazioni e delle critiche espresse.

1.1   IL PROFILO PROFESSIONALE

Nato a Prato da una famiglia di industriali vinicoli, studi classici poi dirottati sull'enologia, il mio rapporto con il distretto tessile è iniziato a quarant'anni, al mio rientro dal Veneto, dopo un'esperienza di export manager e direzione commerciale di un'impresa metalmeccanica, la direzione generale di un'agenzia di pubblicità e la direzione marketing di una grande industria di mobili.

Rientrato a Prato, per tre anni come direttore marketing di un gruppo di arredamento di Agliana (PT) la Poltronova-Design Centre - di minori dimensioni di quello da cui provenivo (il primo 350 dipendenti, il secondo 125) ma con una strategia innovativa che la poneva tra le tre imprese guida del design italiano (Gavina, Cassina, Poltronova) dove ebbi la possibilità di sviluppare progetti con i principali designers italiani come Ettore Sottsass, Gae Aulenti, Angelo Mangiarotti, Sergio Asti, gli Archizoom, il Superstudio, i Vignelli e molti altri: una esperienza di "design management" indimenticabile, che avrebbe segnato poi tutta la mia carriera professionale.

La decisione di intraprendere la libera professione fu assai coraggiosa, ma se le decisioni importanti non si prendono a 40 anni non si prendono più.

La scelta si dimostrò ben presto interessante, ma con rammarico, non nella mia città e nel distretto tessile, famoso per una imprenditoria dinamica, capace, ma refrattaria alla condivisione delle decisioni aziendali.

Il lavoro si sviluppò nel resto della Toscana, in Emilia-Romagna e in Puglia, dove, con l'insegna MIX CONSULTING NETWORK, avrei aperto studi oltre che a Prato, a Bari e a Rimini, con il mio socio storico Luigi Gambarini.

Il mio rapporto con il distretto nasce in Confindustria, un sistema a me familiare, visto che a 24 anni avevo presieduto a Firenze l'assemblea del primo "Gruppo Giovani Industriali" d'Italia.

Negli anni '80, all'Unione Industriale di Prato, si era formata da poco la Sezione Terziario Innovativo e l'incontro con il dott. Alberto Parenti, a lungo direttore dell'Unione Industriale, nonché primo presidente della Camera di Commercio di Prato, fu determinante.

Un visionario, uno degli uomini che credette nella funzione del terziario innovativo, che mi introdusse nella sezione, della quale assunsi la presidenza per due elezioni consecutive e successivamente una terza.

Una sua affermazione di allora fu: gli imprenditori pratesi dovrebbero passare dal **"senso degli affari"** che hanno sicuramente molto sviluppato, alla **"cultura degli affari"**
e contava sull'apporto culturale delle imprese del terziario affinché questa trasformazione avvenisse.

1.2   LA PROFESSIONE DI CONSULENTE DI MARKETING: QUESTA SCONOSCIUTA

Iniziai la mia attività di consulente di marketing e di strategia d'impresa nel 1975 e fu una scelta assai coraggiosa in un'epoca in cui la parola "marketing" evocava mestieri sconosciuti, imbarazzando molto i miei figli, che alla domanda - cosa fa tuo padre, alla riposta: il consulente di marketing - ricevevano le interpretazioni più fantasiose: "ah! fa i mercati?" oppure "lavora in un supermercato"!

Provenivo da una regione - il Veneto - dove già invece quest'attività cominciava a delinearsi e avevo scelto di rientrare dopo molti anni nella mia città, un'area - il distretto tessile pratese - dove la consulenza praticamente non avrebbe mai avuto uno sviluppo concreto (neanche oggi, purtroppo).

Sarebbe stata molto dura convincere la comunità economica pratese sui contributi possibili di una società di consulenza, che nel frattempo era cresciuta e diventata una rete di 14 consulenti con competenze e specializzazioni diverse: ma non ci scoraggiammo.

Da subito prendemmo a cuore lo sviluppo del distretto, l'evoluzione del suo management, le strategie di aggregazione, la Ricerca per l'Innovazione, coinvolgimento che sarebbe durato fino al 2022, data del mio abbandono della professione a 87 anni.

Ho costantemente seguito l'evoluzione del distretto con i suoi successi, le sue crisi cicliche e quelle strutturali, vivendo in particolare vicino agli imprenditori.
Non solo dall'esterno ma partecipando direttamente alla gestione del territorio, i fatti:
- **Presidente** per tre bienni della sezione Terziario Innovativo di Confindustria

- Contemporaneamente, quindi, anche **Consigliere** dell'Unione Industriale pratese.
- **Delegato** dall'Unione Industriale ai rapporti con l'Università
- **Consigliere CAPITAL - Roma,** società del Terziario innovativo nazionale Confindustria.
- **Presidente** ELIT, un consorzio del Terziario Innovativo Confindustria
- **Consigliere** per un biennio di Pratofutura
- **Componente del Comitato d'indirizzo** del Fondo Santo Stefano, in rappresentanza dei consulenti di management APCO
- **Volontario c/o Caritas** a supporto di famiglie di piccoli imprenditori in difficoltà

1.3 LE PUBBLICAZIONI

- **2001/2021 dalle Torri gemelle al Corona Virus.** 2021 ed. Gedi/L'Espresso venti anni di articoli sulla stampa e sui social
- **Nuovi linguaggi, Parole e Acronimi,** ed. GEDI 2021 un piccolo vocabolario per comprendere i neologismi e gli incomprensibili acronimi
- **Storie professionali brevi**, ed. GEDI 2021 un raccolta di episodi di consulenza dai quali trarre orientamenti
- **Piccola Impresa Tempesta perfetta**, ed. Amazon 2022 forse il volume più interessante della serie, con i principali modelli d'intervento di MIX CONSLTING NETWORK
- **Una finestra sul mondo:** ed. Amazon, 2022: il racconto di 35 viaggi all'estero dal Giappone alla Colombia, dagli USA alla Russia, da Parigi a Lipsia.

2. IL DISTRETTO TESSILE PRATESE

Un'analisi sintetica del distretto, il suo posizionamento nel mercato globale, i punti di forza e di debolezza.

Le osservazioni che seguono non possono cominciare che dal momento del mio coinvolgimento diretto nel distretto tessile pratese, iniziato dalla metà degli anni '80 in poi; quindi, è carente delle osservazioni sugli anni precedenti, anche se utilizzerò alcuni dati storici rilevati da più fonti.

Ho deciso di analizzare per categorie di problemi del settore, del distretto e delle imprese locali

2.1 LE IMPRESE DI PRODUZIONE

Il decentramento produttivo nel distretto tessile pratese ha avuto inizio a partire dagli anni '50, dopo la guerra in Corea. Questo conflitto anche se lontano, in estremo oriente, ha rischiato di provocare il terzo conflitto mondiale, visto che vi furono coinvolti Russia, USA e Cina
Questo timore, nel mondo, provocò reazioni di accaparramento di generi di prima necessità *("Quando l'angoscia governa l'economia", M. De Cecco)* e a Prato significarono grandi ordini di coperte, che resero insufficiente la potenzialità produttiva locale.
Nell'entusiasmo non si pensò che questo sviluppo potesse essere effimero e quindi avrebbe richiesto prudenza nell'acquisto di nuovi macchinari.
Ricordo il padre di un mio amico che in quell'epoca acquistò ben 400 telai contemporaneamente e che, una volta scongiurato il terzo conflitto mondiale, la domanda precipitò e questo imprenditore si trovò in grandi difficoltà, con un grosso investimento improduttivo.
La soluzione fu quella di coinvolgere gli operai tessili nel l'acquisto di piccoli lotti di 2/4/6 telai, da posizionare nel garage di casa, coinvolgendo l'intera famiglia per 24 ore su 24, pagando i telai via via (...a Prato si diceva: me li paghi su-su!) con le forniture.

È dagli anni '50 che il distretto avrà il suo massimo sviluppo raggiungendo nel 1981 ben 60mila addetti.[1]

L'abbandono del concetto di fabbrica integrata ha contribuito alla nascita del **distretto tessile pratese**, analizzato e studiato dalle università di tutto il mondo.

Il mio punto di vista non è stato sempre perfettamente in linea con i giudizi positivi che si davano sull'efficacia della struttura di distretto.

I punti deboli che ho sempre cercato di mettere in evidenza sono stati i seguenti:

- **Il fenomeno della "delega" a terzi della produzione**, che ha sicuramente contribuito al successo del distretto, in realtà si è trattato di un'**"abdicazione"** e mi spiego. Delegare significa assegnare a terzi una operazione, nel nostro caso una o più fasi della produzione di tessuti, ma mantenendo le competenze necessarie a controllare che la delega venga esercitata correttamente. In realtà i lanifici hanno perso il controllo tecnico e tecnologico della struttura produttiva lasciando al subfornitore (terzista) l'intera responsabilità del processo.

- **Il terzismo si è trasformato in "impresa di produzione"** con una gestione autonoma, svincolata dalla strategia dei committenti, non solo ma la polverizzazione delle imprese ha reso sempre più precario il raggiungimento della omogeneità qualitativa della produzione.

- **La relazione terzista-committente** nella gran parte dei casi basata sulla competitività delle tariffe è sempre stata di **competizione** e quasi mai di **integrazione** per il raggiungimento di un vantaggio comune.

- **Infine, vista l'evoluzione della domanda di mercato**, che ha praticamente annullata la possibilità di programmare grandi lotti secondo le stagioni, ci si è dovuti adattare a

---

[1] **IL DISTRETTO DI PRATO:** Il tessile italiano e la sfida della globalizzazione a cura di Michele Scarpinato (2008)

piccoli lotti con tempi di consegna rapidi e in più di un livello qualitativo sempre maggiore. Con impianti tarati, tra l'altro, per la produzione veloce di grandi lotti e quindi senza la flessibilità richiesta dai piccoli lotti.

- **Non ultimo gli investimenti tecnici e tecnologici:** purtroppo queste imprese hanno la responsabilità totale degli investimenti, ma non avendo un contatto diretto con il mercato e quindi la percezione della sua evoluzione, tendono a contenere l'evoluzione tecnologica, con impianti spesso obsoleti e quindi non competitivi. Va aggiunta una storica sottocapitalizzazione e un indebitamento indesiderabile, come quello bancario a breve per finanziare investimenti a lungo termine.

2.2   LE IMPRESE TERMINALI: I LANIFICI

Uno dei fenomeni tipici delle imprese distrettuali pratesi è stato il fenomeno frequentissimo di "spin-off" dai Lanifici, con la nascita di nuove iniziative promosse dai principali attori dell'**impannatore**[2]: il tecnico, il ragioniere, il commerciale. Il fenomeno è stato facilitato dal fatto che il "Lanificio" è in realtà un'impresa "vuota", con livelli d'investimento molto bassi: un capannone in affitto, un bravo tecnico che progetta le collezioni, al massimo un paio di telai per i campioni, una rete di terzisti, reperibile senza problemi per la produzione di tessuti anche profondamente diversi fra loro: dal cardato al lino, alla seta e una volta mi è capitato di veder produrre della Juta in un lanificio specializzato in drapperia (sic) Un fenomeno positivo? assolutamente no! la dimensione media delle imprese che hanno il rapporto con il mercato è sempre stata troppo piccola per essere competitiva sul mercato globale.

---

[2] **impannatore** s. m. (f. *-trice*) [der. di *impannare*]. – Nella città di Prato, denominazione dei fabbricanti di panno che non hanno una fabbrica propria e affidano le singole fasi del lavoro a ditte che lavorano per conto terzi. (Treccani)

Anche il livello professionale del management non si è certo evoluto di pari passo con la complessità del sistema competitivo. In tempi ormai dimenticati i clienti venivano a Prato, contattavano i lanifici, visionavano campionari e compravano. Poi si sono sviluppate le fiere stagionali, dove le imprese un po' più strutturate potevano presentare i loro campionari ai clienti, ricevere ordini e programmare la produzione. La perdita d'importanza delle stagioni e la diffusione di minicollezioni continue, ha reso necessario un rapporto più intenso con il cliente, con visite nella sua sede sempre più frequenti e quindi con una nuova "mobilità" e competenza dei suoi funzionari, che necessariamente debbono avere competenze tecniche per interpretare le esigenze del cliente e aiutarlo a trovare la soluzione.

Una nuova competitività di queste imprese la si deve trovare in una riappropriazione del processo produttivo, anche se con una "fabbrica virtuale", attraverso:

- **Innovazione non solo stilistica**, ma di processo, di distribuzione, tecnologica, di management

- **Ricorso alla ricerca collettiva di base,** per facilitare le risposte alle nuove domande del consumatore, alla transizione ambientale, alla sostenibilità e infine alla transizione digitale.

- **La creazione di una rete di subfornitori integrati,** con i quali instaurare un rapporto di partnership contrattata, che garantisca un risultato di reciproco vantaggio nel tempo, in termini di evoluzione tecnologica, livelli di qualità, affidabilità nelle consegne.

- **Sistema organizzativo commerciale presidiato direttamente** e non dipendente da intermediari indipendenti, come gli Agenti plurimandatari.

2.3 IL RAPPORTO CON LA CONSULENZA: IL TERZIARIO INNOVATIVO

Questa nuova sezione dell'Unione Industriale ha dovuto faticare non poco per essere riconosciuta con pari diritti rispetto ai soci "industriali".

Nonostante la "protezione" del dott. Alberto Parenti, non era possibile essere accettati come entità rappresentativa di una categoria di operatori in crescita, costituita da imprese fondamentalmente innovative, che avrebbe avuto la presunzione di incidere sullo sviluppo del distretto.

Ricordo un episodio increscioso nel Consiglio Direttivo dell'Unione, un giorno stavo illustrando alla cinquantina di consiglieri un progetto del terziario, quando un esponente di una prestigiosa, storica, famiglia imprenditoriale pratese mi fece cenno, stringendo le dita della mano, di "concludere", io che non ho mai amato essere "costretto da chicchessia", lo apostrofai con veemenza, lui si ritrasse, ma questo episodio avrebbe condizionato il suo giudizio sull'opportunità della mia presenza e quella dei "terziari" (o terzisti come qualcuno ci classificava) in quel consesso riservato - secondo lui - a pochi eletti (gli industriali)

Sfortuna volle poi che un rapporto di consulenza ad un lanificio collegato alla sua famiglia e gestito in joint-venture con il Gruppo Galgano di Milano, sfociasse in una causa pretestuosa, che durò molti anni, ma che si concluse a nostro totale vantaggio, con il pagamento da parte del lanificio di capitale, interessi e spese legali.

La mia non è stata una vita facile nel distretto e l'attività di consulenza alle imprese l'ho praticata prevalentemente fuori dal distretto, dove ho assistito oltre 200 imprese, oltre a Comuni, Provincie, Camere di Commercio, Associazioni Imprenditoriali.

Pochi furono gli uomini che credettero nelle mie competenze, oltre al dott. Parenti, debbo citare alcune persone a cui debbo molto: **Pierluigi Galardini**, segretario di Confartigianato, che mi affidò il primo progetto di aggregazione d'imprese artigiane: Grantessuto(1990); **Silvano Gori**, presidente della CCIAA, durante la cui presidenza vinsi due gare importanti, Progetto Maglieria (1999) e Prato Brindisi (2001)sempre di aggregazione e **Luca Rinfreschi**, sotto la cui presidenza della CCIAA vinsi una gara per un grande progetto: "Reti della Moda" (2002); infine non posso dimenticare la sintonia professionale con **Solitario Nesti**, direttore di Tecnotessile (ora NEXT) - scomparso prematuramente - con il quale ho condiviso progetti, convegni, rappresentanza internazionale.

Unico imprenditore che mi chiamò per aiutarlo a gestire il rapidissimo sviluppo di un lanificio con criteri alternativi al distretto, fu **Claudio Orrea**, presidente di Patrizia Pepe, per il suo Lanificio PWP, (2005) costituito con i concetti della produzione slegata dalle stagioni, ma con capacità di forniture "JIT"[3]

Impresa che in pochissimi anni moltiplicò la sua dimensione e (mi chiedo ancora perché) fu poi ceduta al Gruppo Beste, che incorporò, più che la strategia originale, i clienti.

Se un solo imprenditore mi ha affidato un incarico di consulenza nella sua impresa, qual è stata in realtà la mia attività per il distretto?

Solo progetti di sviluppo manageriale e di aggregazione, partiti con grande risonanza, ma alla fine solo uno ebbe un risultato pratico: Grantessuto: un consorzio di una decina di artigiani tessili che nacque con grandi prospettive e successo, con una dimensione inusuale per il distretto (80 telai ed un orditoio). Potremo seguire la sua storia, nel contesto del libro.

---

[3] JIT: Sigla di *just in time*, sistema di gestione delle scorte di prodotti in lavorazione nelle produzioni manifatturiere, tendente a ridurre le scorte complessive e il tempo di attraversamento del sistema produttivo da parte dei prodotti. Tale metodologia fu messa a punto negli anni 1950 presso la casa automobilistica giapponese Toyota Motor company. (Treccani)

Conclusioni di questi decenni di dedizione allo sviluppo imprenditoriale del distretto? Sostanzialmente senza segni tangibili: una delusione!

Forse leggendo le storie e gli stimoli che ho dato in tanti anni si potrà capire se c'è una colpa o, addirittura - drammaticamente - una incompetenza professionale? Mi piacerebbe capirlo

3. PERCEZIONE SEGNALI DEBOLI DI CAMBIAMENTO E INFLUENZE SULLA STRATEGIA DELLE IMPRESE DEL DISTRETTO

Ho cercato di individuare nel tempo i segnali deboli di cambiamento del sistema competitivo, attraverso ricerche, pareri di esperti, convegni, che avrebbero dovuto servire a orientare la politica industriale del distretto stesso e delle imprese che vi operavano.

In verità gli studi promossi ed eseguiti, i progetti attuati, l'intervento di esperti e di organizzazioni di consulenza con convegni e conferenze è stato intenso e con un'ottica strategica evidente: il problema chiave è stato nella sensibilità dell'imprenditoria del distretto, anche quella più giovane, che ha tenuto conto veramente poco dagli orientamenti emersi.

Lo vedremo nella descrizione delle iniziative, dai segnali emersi e dalla scarsa influenza sulle strategie aziendali, prevalentemente dei Lanifici.
Anticiperò questa analisi riportando le persone che ho conosciuto e considerato influenti nel tentativo di un cambio dello stile di gestione delle imprese del distretto, prevalentemente tattico (campionario e saper vendere!) e non strategico (evoluzione probabile almeno a medio termine del sistema competitivo, conseguenze per l'impresa, contromisure per non essere colti di sorpresa da eventi come le crisi di mercato (2008) la crisi energetica, il Covid, la transizione ecologica e quella digitale, la guerra in Ucraina e ora quella nella striscia di Gaza.

Persone che hanno cercato di modificare la visione a breve degli imprenditori pratesi, promuovendo strategia al posto della tattica

Sento il dovere di affermare che il principale apporto alla organizzazione, alla raccolta, alla sistematizzazione di previsioni sul futuro e alle prescrizioni per l'industria tessile pratese, lo si debba a Pratofutura, che nata come organizzazione indipendente rispetto alle associazioni datoriali, sarebbe stata ("abbastanza") libera da condizionamenti e quindi più oggettiva.

Andrea Balestri a cui si è aggiunta **Daniela Toccafondi**, hanno svolto per decenni un'opera di ricerca e di divulgazione che credo andrebbe riconosciuta, assegnando loro il premio "Umanesimo e Management" promosso dall'Unione industriale Pratese, la Camera di Commercio di Prato e l'Associazione Pratofutura stessa, da assegnare a protagonisti della vita economica, sociale e culturale che abbiano dimostrato una particolare capacità di coniugare management e umanesimo.

E chi se non anche loro hanno questi meriti?

È proprio rileggendo il gran numero di pubblicazioni di Pratofutura che ho potuto analizzare la storia del distretto, e verificare ciò che **"si era previsto come necessario"** confrontato con "ciò che "**si è fatto realmente**"

I principali protagonisti nella capacità di analizzare e dare indicazioni e agire "strategicamente" nel distretto sono stati moltissimi: ne cito solo alcuni dalle posizioni professionali diverse e senza un ordine logico, che si sono distinti per uno spiccata visione strategica dell'attività imprenditoriale, **almeno ai miei occhi!**

Premetto che non sono citati i numerosissimi imprenditori pratesi che hanno apportato innovazioni di grande importanza alla tecnologia di produzione del tessuto e sono tantissimi, contribuendo alla notorietà del distretto, studiato in tutte le università del mondo.

Alberto Parenti, direttore dell'Unione Industriale Pratese per oltre vent'anni e poi altrettanto efficace primo presidente della Camera di Commercio: esempio raro di una visione illuminata.

Fu per me il primo incontro con il distretto e la continuità della mia partecipazione al sistema Confindustria. Da lui ho ricevuto grandi stimoli a sviluppare la nuova sezione "Terziario Innovativo", che ho presieduto per tre bienni. Una sua osservazione importante fu "... a Prato bisogna passare da il "senso degli affari" alla "cultura degli affari"

Giacomo Becattini, professore ordinario di economia politica presso la Facoltà di Economia e Commercio di Firenze dal 1968 al 1998, poi professore emerito, ha promosso l'istituzione a Prato di centri di ricerca, l'Irpet e l'Iris, e la libera scuola di Artimino sullo sviluppo locale, che ha dedicato gran parte dei suoi studi ai "distretti" e in particolare a quello tessile pratese.

Giuseppe de Rita, sociologo, tra i fondatori del Censis (*Centro Studi Investimenti Sociali*), di cui è stato consigliere delegato , Segretario Generale, infine, Presidente. Molti i suoi interventi a partire addirittura dagli anni '60. "Dare futuro al distretto"(2004, documento di politica industriale del distretto)

Gianni Lorenzoni, professore di economia industriale all'Università di Bologna, è stato un importante protagonista del distretto tessile di Prato. I suoi interventi hanno contribuito a promuovere lo sviluppo del distretto, sia dal punto di vista economico che dal punto di vista sociale.
Tra i principali interventi di Lorenzoni nel distretto tessile di Prato, si possono ricordare: la promozione della collaborazione tra le imprese del distretto, il sostegno all'innovazione tecnologica, attraverso la promozione di investimenti in ricerca e sviluppo.
Una delle sue proposte che considerai "inapplicabili" fu il suo suggerimento che Prato intervenisse su tutta la filiera dell'abbigliamento, compresa la distribuzione, ma al tempo stesso stimolò la mia proposta di una filiera "allungata" alla confezione – progetto finanziato dalla CCIAA e denominato

"Reti della Moda" - che raccolse l'adesione di diverse aziende, ma naufragò per l'indifferenza dei Lanifici.

Antonio Lucchesi, imprenditore visionario, con una profonda attitudine all'ascolto (uno dei rari imprenditori che agli incontri prende appunti)capacità di sintesi, a lui si deve l'idea di Pratofutura nel 1986 da presidente dell'Unione. Una sua affermazione a proposito di futuro: "...non c'è il libro delle ricette in economia industriale. Sono la precisione dei rilievi, la lucidità nel valutare i movimenti, il distacco nel proiettarne le parabole, uniti alle doti personali, che determinano gli indirizzi da seguire" Sempre sullo stesso argomento: "...Siamo tutti portati a dare credito a chi, esperti o politici, offre positive soluzioni globali; l'importante è distinguere fra quello che ci farebbe piacere che fosse, e quanto ha solide radici di plausibilità".

Gianfranco Piantoni ha insegnato Strategia aziendale e management dei servizi all'Università di Bologna e all'Università Luigi Bocconi di Milano. Ha pubblicato *Strategia sociale dell'impresa*,1984; e soprattutto si è dedicato a uno dei problemi principali dell'imprenditoria italiana: *la successione familiare in azienda*, (1999) visto che solo il 32% di imprese familiari supera la prima generazione di imprenditori e solo il 15% riesce a passare il testimone alla terza generazione.

Riccardo Varaldo, A proposito della carente attività di comunicazione del distretto affermava "... la maggior parte degli imprenditori pratesi ha una formazione molto legata al prodotto; sanno tutto sulle caratteristiche prestazionali dei filati o delle fibre. Sono convinti che le novità di collezione possano parlare da sole, comunicare alla vista e al tatto le capacità di innovazione e la creatività delle proposte moda" Purtroppo non è questa la strategia corretta!

Silvano Gori, imprenditore, politico, anche lui visionario, spesso fuori dal pensiero comune dei colleghi industriali - un personaggio scomodo, che ha amato "rompere gli schemi" - Nonostante ciò ha ricoperto posizioni di grande prestigio nella business community pratese e fiorentina: presidente di Pratotrade, presidente della Camera di Commercio, candidato per Alleanza Democratica con la quale è eletto nel collegio uninominale di Prato-Carmignano, nominato Grande ufficiale al merito della Repubblica Italiana, oltre poi ad aver ricoperto cariche fuori Prato come assessore alle attività produttive nel Comune di Firenze.

Ma ha sempre adottato una strategia aziendale caratterizzata dalla differenziazione, piuttosto che una guerra di prezzi su prodotti standard: ha introdotto tessuti diversi dalla lana, tipica del distretto, come tessuto jeans, il lino e infine la "seta lavata" che lo ha reso famoso nell'area fashion.

Claudio Orrea, imprenditore, visione strategica, innovatore di processo e di distribuzione, fra i primi nel nostro paese ad adottare il *Just-In-Time*, cioè produrre esattamente solo i quantitativi di ogni referenza richiesti nel breve periodo e non anche quelli che, secondo le previsioni, si pensa di poter vendere in futuro. Ogni prodotto finito deve essere approntato "appena in tempo" per essere consegnato al cliente; ogni semilavorato e ciascun sottoassieme va prodotto "appena in tempo" per essere utilizzato; tutte le materie prime devono essere rese disponibili "appena in tempo" per essere consumate. Ho avuto la grande opportunità di vedere applicato questo concetto nel lanificio del Gruppo, facilitando, in un intervento di consulenza, l'adattamento del personale e dei fornitori a un processo totalmente differente da quello adottato nel distretto.

Massimo Logli, è stato assessore provinciale di Prato dal 1995 al 2004, per le prime due legislature della Provincia di Prato, poi è giunto alla presidenza della Provincia stessa. Un politico con una visione lucida sulla necessità di sviluppare a Prato la ricerca di base del settore T&A: ebbe l'idea di fondare il CREAF , Centro Ricerche - **uno dei più clamorosi fallimenti**

del distretto tessile pratese - perché dette per scontata la partecipazione dei lanifici, che naturalmente furono indifferenti. Due prove a conferma: un giovane presidente della sezione maglieria ebbe a dichiarare testualmente: "...a noi la ricerca non serve!"

Inoltre ho partecipato con Logli a un viaggio in Svezia, organizzato da Pratofutura, per la visita di due centri di ricerca nel Tessile&Abbigliamento. Al ritorno io fui incaricato di

relazionare - in un foltissimo incontro - ciò che avevamo visto e in quell'occasione Logli invitò gli imprenditori a partecipare nella gestione del CREAF, illustrando uno schema sintetico che riproduco: l'elica tripla, adottato in Svezia per la ricerca di base. Ebbene la proposta di un imprenditore di successo fu "intanto voi cominciate, se vediamo risultati positivi, entriamo anche noi" (senza commenti!)

Pierluigi Galardini, responsabile del settore tessile di Confartigianato, agli inizi degli anni novanta, ebbe l'intuizione che per rafforzare il settore produttivo si dovessero stimolare aggregazioni nel terzismo tessile. Ideò il progetto "Isole produttive" che fu affidato alla mia società di consulenza, Mix Consulting Network, che avrebbe dato origine dopo due anni a "Grantessuto" il primo e purtroppo ultimo esempio di aggregazione fra artigiani, sempre auspicato e mai realizzato nel distretto. (addirittura Galardini fu accusato dagli artigiani di Confartigianato di aver creato un "concorrente"! e quindi i progetti di aggregazione in corso (Furono chiamati "Arcipelago")

Lo so, si obbietterà che questa impresa è poi fallita: in effetti dopo 17 anni, fallimento provocato da una deviazione dalla strategia iniziale - un terzista evoluto al servizio dei lanifici – dando credito alla possibilità di trasformarsi in "Lanificio", con risultati disastrosi. Non fu premiato per il suo apporto di idee e

24

fu "promosso" segretario Confartigianato Toscana, un organismo senza ruolo.
Una perdita per il distretto.

Solitario Nesti, direttore di grande professionalità di Tecnotessile (oggi Next Technology Tecnotessile) con il quale ho avuto molte occasioni di collaborazione, compreso quella di raccontare il distretto di Prato, su incarico di Tecnotessile, in un convegno a Istambul.
Scrupoloso, interveniva in maniera "soft" con il cliente, pur rimanendo fermo sulle sue proposte.
Una reale perdita per il distretto, anche se faceva spesso notare che la sopravvivenza di Tecnotessile era garantita da imprese fuori del distretto pratese. Per me una perdita di un amico!

Pierluigi Marrani, un manager illuminato, con una visione lucida sulla strategia vincente per il distretto nel Tessile&Abbigliamento.
Affermava testualmente nel 1986: "nelle aziende pratesi si è continuamente alle prese con problemi che presentano orizzonti temporali molto ristretti e disabituano a pensare in termini di medio periodo e strategici" E ancora: "...considerazioni che possiamo svolgere sulle prospettive delle imprese pratesi riguarda le loro dimensioni operative"
Ho avuto il piacere e la soddisfazione di chiamarlo come testimone in diversi progetti, ammirando anche la sua capacità di raccontare il futuro del T&A e indicare le opzioni strategiche disponibili.

Jeremy Rifkin, non l'ho conosciuto direttamente Avevo partecipato al Forum PMI nel 2000 e avevo ricevuto un grande stimolo dal suo intervento, famoso futurologo americano e di getto scrissi un articolo per il Tirreno.
Ipotizzai la visita di una famiglia americana a Prato e tutto ciò che avrebbe trovato: una vera "Fashion Valley"

Conclusioni: in definitiva, molti uomini che hanno contribuito al successo del distretto e che hanno tentato continuamente di suggerire soluzioni di sviluppo - forse bisognerebbe dire di sopravvivenza - per il distretto, ma che poche volte sono stati ascoltati.

Penso che le affermazioni più significative sul valore per tutte le imprese, ma anche per un distretto, sia la costruzione di scenari futuri per prepararsi ad affrontarli con i mezzi necessari e non farsi cogliere di sorpresa, siano le seguenti:

La differenza sta nel modello di gestione delle imprese basato sul "senso degli affari" (A.Parenti) più che sulla capacità di adottare "...la precisione dei rilievi, la lucidità nel valutare i movimenti, il distacco nel proiettarne le parabole, uniti alle doti personali, che determinano gli indirizzi da seguire(A.Lucchesi)

In una nota del 2003 a Pratofutura commentavo "...come convincere l'intera comunità economica distrettuale ad assumere **una visione strategica d'insieme** e operare orientando con gli interventi pubblici e i progetti privati verso un posizionamento di successo, che sia una risposta allo sviluppo dei mercati internazionali e in stretta coerenza con le imprese locali, la loro dimensione, strutturale e culturale, le loro competenze condivise?

Fashion valley: indubbiamente nella valle c'è un po'di foschia, che speriamo non diventi nebbia! fu la mia conclusione.

3.1 PERCHÉ I SEGNALI DEBOLI DI CAMBIAMENTO SONO IMPORTANTI

Per un consulente di strategia di impresa la percezione dei segnali deboli di cambiamento che si manifestano in un specifico mercato, è una delle capacità fondamentali. Naturalmente richiede una sensibilità particolare, ma va costruita e alimentata costantemente. La curiosità intellettuale è il fattore principale e cioè l'abitudine a fissare un qualsiasi fenomeno che possa rappresentare un elemento di cambiamento, senza dare nulla per scontato, ma ogni stimolo ricevuto va approfondito attraverso la lettura della stampa, di libri, della TV, la partecipazione a Convegni , la navigazione in Internet (con cautela) attraverso l'ascolto della gente.

La sintesi di queste osservazioni dà origine a un un'ipotesi di scenario futuro, determinante per capire - specialmente in un'azienda - quali possono essere le conseguenze sull'attività e quindi quali devono essere le contromisure da adottare.

Tra l'altro in un contesto caratterizzato da complessità, incertezza e imprevedibilità, la sfida non è "come risolvere il problema" ma la tempestiva capacità di capire "qual'è il problema"!

Ho sempre dedicato moltissimo tempo all'informazione, da qualsiasi fonte provenisse e questa caratteristica mi ha permesso di percepire segnali deboli di cambiamento con forte anticipo.

Intendiamoci si può incorrere in un pericolo. Prevedere troppo presto ed essere condizionati nelle azioni, quando ancora il fenomeno non si manifesta: per un prodotto, per esempio, c'è un alto rischio di fallimento.

Sul Tessile&Abbigliamento e sul distretto di Prato ho iniziato le mie osservazioni già agli inizi degli anni '80, raccogliendo prima di tutto le evoluzioni storiche attraverso la lettura di autori esperti

27

del settore, ma continuando approfondimenti costanti su una serie di fattori guida.

- **La definizione delle imprese guida del settore** del T&A (le "company-to-watch, in quanto leader di successo) e l'analisi dei loro siti/blog, per valutare gamme di prodotto, livelli di prezzo, vantaggi competitivi conclamati, la comunicazione.
- **Lo scarico periodico dei bilanci di questo gruppo di imprese-guida, per** verificare lo sviluppo, la capacità di produrre profitti nel tempo, valutare il cash-flow e quindi la capacità di autofinanziamento. (Fonti: iCribis e Cerved)
- **Seguire le notizie che riguardano il settore T&A,** come a esempio "Pambianco News" o il francese "Fashion Network"
- **Partecipazione a convegni del settore,** come a esempio il "Summit Pambianco" o le Assemblee di categoria Confindustria, Confartigianato o CNA, oggi facilitata dalle partecipazioni on-line
- **Seguire le attività di istituti di ricerca** come GFK o Future Concept Lab di F. Morace o il Censis, sulle tendenze
- **Seguire le iniziative delle università nel settore specifico** come la SDA Bocconi, il Politecnico di Milano, la LUISS di Roma
- **Seguire in particolare docenti ed esperti del settore,** leggendo i loro contributi, reperibili in internet

Insomma, è una tecnica precisa che non s'improvvisa e diventa una "competenza specifica".

3.2 I SEGNALI DEBOLI PERCEPITI DAGLI ANNI '80 IN POI

Nel distretto e da parte della comunità degli affari, non sono mancate attività "per conoscere" e spesso sono anche sfociate in progetti d'importanza notevole.

La domanda che mi sono fatto spesso è:
DI TUTTO CIÒ CHE SI È FATTO COSA SI È SEDIMENTATO? LA MIA CONCLUSIONE È FORSE ECCESSIVA. **MOLTO POCO!**

Esiste una nutrita documentazione su:

- La percezione di segnali deboli di cambiamento del contesto competitivo
- La ricerca sull'immagine e sulla comunicazione del distretto (Giampaolo Fabris)
- Tentativi di produrre comunicazione di distretto (Oliviero Toscani)
- I grandi progetti d'innovazione tecnologica (SPRINT)
- Alcune ricerche di approfondimento sulla evoluzione del sistema competitivo (Nomisma)
- La capacità progettuale, prevedendo necessità evolutive strategiche e organizzative per conservare la leadership di distretto (i quaderni dell'Unione Industriale)
- Il confronto con i grandi esperti per individuare strategie di adattamento (De Rita, Giannetti, Lorenzoni, Becattini, ecc.)
- L'attuazione di progetti di sviluppo manageriale (Bain&C)
- Convegni sul T&A di grande spessore (Ambrosetti, Microimpresa Artigiana Confartigianato (2000))

Valutiamo insieme alcune ricerche e/o progetti particolarmente significativi

3.3 L'IMMAGINE DI PRATO
Giampaolo Fabris & Associati
per Unione Industriale Pratese (12/86)

Fase "A" rilevamento e definizione dell'immagine attuale di Prato e indicazioni delle linee di sviluppo della nuova immagine
L'immagine interna

- L'immagine di prodotto presso gli addetti ai lavori è forte: la combinazione di prezzo, qualità e moda offerta dal prodotto pratese è la migliore del mercato italiano
- positiva l'azione di Prato Expo'
- il pubblico non sa o tuttalpiù pensa agli "stracci"
- Attitudini: capacità di trasformarsi, apertura verso il nuovo, capacità di affrontare il rischio e l'innovazione
- **divario tra la preparazione tecnico-produttiva e quella, carente, amministrativa e manageriale**
- Insufficiente capacità di essere propositivi, **cioè di imporre** (sic!)**le proprie scelte e tendenze di mercato**

Immagine all'estero

- Punto di riferimento importante, fondamentale visitare il bacino tessile
- Firenze un'altra classe rispetto a Prato: alberghi e ristoranti critici
- Città morta di sera, poco invitante
- Città unica al mondo per iperattività
- Dinamica, creativa, competitiva
- Qualità medio medio-bassa, in miglioramento
- Prato dovrebbe comunicare di più

1.

Immagine in Italia
- città poco conosciuta in particolare dai giovani
- sottostimata in termini di ampiezza
- Sconosciuta l'attività (al di sotto dei 25 anni)

Conclusioni:
- Tra gli addetti ai lavori buona immagine di prodotto, mediocre immagine della città
- Per gli italiani povera d'immagine, chi ce l'ha è di tipo industriale di medio livello
- Necessaria una realtà produttiva in senso nuovo, postindustriale: un'industria con un progetto generale proiettata nel futuro
- Costruire un'immagine dipiù alto profilo
- Non più industria classica: individualistica, caotica, labour-intesive, rinchiusa nella singola realtà produttiva
- Passare da città incompiuta della provincia italiana, a città di qualità   civile   europea

Alcune proposte
- **Creazione di una business school** per un ceto industriale maggiormente qualificato, immagine internazionale, preparazione delle generazioni future
- **Ecologia, tecnologia, qualità della vita** verso una città postindustriale; attenzione all'ecologia; depuratori, aree vedi Cascine di Tavola, creazione di un golf club
- **Il centro storico:** traffico contenuto al centro, stimolo a ripopolare il centro, favorire apertura di ristoranti, caffè locali d'intrattenimento
- **Urbanistica e nuova progettualità** decentramento delle attività industriali, riuso degli edifici del centro

La produzione culturale: arte contemporanea, la moda, la cultura d'impresa il museo del tessile come centro di ricerca

(NOTA dell'A)
I risultati
credo si possa notare un risultato positivo nei miglioramenti previsti per la città, forse solo per la qualità della vita, più che per l'assetto industriale. La depurazione delle acque a Baciacavallo, il Golf club Le Pavoniere, Le Cascine di Tavola, Il museo del tessuto, Il museo d'arte moderna Pecci, la Galleria Farsetti, la miriade di ristoranti del centro, anche se concentrati in poche strade, il decentramento delle attività industriali nei "macrolotti". Forse non raggiunti: la ripopolazione qualificata del centro storico, l'assetto industriale.

3.4 GIOVANI IMPRENDITORI IN VISTA DEGLI ANNI NOVANTA
Rotary Club & Rotaract Mugello/Unione Industriale Pratese
Intervento di Giampaolo Pacini (9/1989)

Un colloquio con giovani imprenditori del distretto sugli scenari degli anni Novanta.
In sintesi elementi caratterizzanti il futuro:
- **L'incertezza,** dovuta all'accelerazione dei cambiamenti richiede approcci rapidi, intuitivi e creativi (previsioni a breve, programmi flessibili, scenari, banche dati, ecc.
- **Era post produttiva:** l'atto di produrre meno importante di prima: prodotti con più contenuti immateriali
- **Impresa non più al centro dell'universo economico,** ma ci debbono essere soprattutto i consumatori
- **Demassificazione:** il consumatore si comporta a livello individuale e cambia rapidamente: capacità di percepire segnali deboli
- **Attributi del manager e dell'imprenditore/manager:** Sensibilità al cambiamento, competenza

I figli e l'azienda: quattro archetipi di successione

- **Successione elusa:** ci penserò quando sarò vecchio
- **Successione con abdicazione:** data fissata e abbandono netto
- **Successione differita:** padre disponibile, figlio che segue, rinvio continuo
- **Successione senza abdicazione:** senza momenti cruciali, avviene per l'intesa tra due generazioni

La successione un nodo difficile: conflitto tra norme dell'impresa e quelle della famiglia.

Un lungo processo che parte da:

- Istruzione scolastica (autonomia) evitando di proiettare vocazioni e aspirazioni non realizzate
- Un'esperienza fuori dall'azienda, un scelta fatta da pochissimi (io non ne ho conosciuti)
- L'entrata in azienda, senza obbligo di ricalcare le esperienze del padre, ma semmai portare spirito nuovo.

I giovani e l'impresa: il management

- A un manager delle risorse materiali (tecnologiche, finanziarie) si aggiungono risorse immateriali (Immagine, qualità, servizio)
- Da un manager tecnico-specialista, a manager con competenze multidisciplinari
- Cosa non si impara all'università: adattabilità (gestire cose complesse semplicemente) capacità di concettualizzazione (continui adattamenti) visione strategica (non solo tattica) disinvolti verso culture diverse dalla nostra (globalizzazione) Leadership e capacità relazioni sociali
- Oltre l'università: acquisire nuove conoscenze, sviluppare nuove capacità, imparare continuamente, percepire segnali deboli di cambiamento, adottare approcci flessibili

(NOTA dell'A)
I risultati
Un ascolto abbastanza superficiale, pochi stimoli al cambiamento. Conferma del concetto espresso da un carissimo amico imprenditore: " vedi Pacini, tu parli di cambiamento, ma se mio nonno in quarant'anni di attività ha fatto i soldi con lo stesso metodo, perché io dovrei cambiare?" Un altro episodio a proposito del CREAF e della ricerca: corse voce che "i cinesi" avrebbero partecipato ad un Centro Ricerche. Un giovanissimo presidente della sezione Maglifici affermò: "noi non abbiamo necessità di fare ricerca" No comment!

3.5 GLI IMPRENDITORI PRATESI E LE POLITICHE CONTRO LA CRISI
Indagine svolta per conto della CCIAA di Firenze
I quaderni di SPRINT (Andrea Balestri) (11/1991)

L'analisi prende avvio dalla crisi del distretto nell'anno 1985/1989, derivata prevalentemente dalla crisi del cardato ridottosi del 40%, che ha visto le imprese tessili diminuire da 16.839 a 12.748.

1   Nell'esaminare gli obiettivi auspicati per superare la crisi, al primo posto vede l'**ETICA** (47,6%) seguita dall'innovazione tecnologica (47,3%) e al terzo posto le relazioni terzisti-committenti (33,3%) ma se si approfondiscono le osservazioni si nota che i più sensibili alla relazione citata non sono i lanifici (22,2%) né i maglifici (14,3%) ma le tessiture (64,6%) e le filature (55,8%)

Un segno indicativo della strategia dei committenti Lanifici, poco sensibili alla partnership con i loro subfornitori.

Questo problema risulterà irrisolto per anni, fino ai nostri giorni per una evidente "myopia" degli impannatori, sedicenti industriali (non si deve generalizzare e per qualcuno può essere considerata un'affermazione offensiva, ma è la realtà dei più!)

Il secondo aspetto è quello **dell'innovazione tecnologica**: dagli anni Cinquanta la produzione avviene con impianti collocati presso i subfornitori; quindi, si dovrebbe dedurre che il 48,4% dei lanifici che auspica l'innovazione tecnologica lo fa assegnando questa responsabilità ai terzisti: interessante! (e sennò che delega è?)

L'Etica: sarebbe interessante conoscere verso quale categoria di operatori i lanifici auspicavano un maggior comportamento etico? (57,9%) Sarebbe interessante capirlo.

La dimensione aziendale: una bassissima sensibilità al problema di tutti gli operatori, che la collocano al penultimo posto.

Infine, la **qualificazione delle risorse umane**: ultimo posto.

(NOTA dell'A) questi atteggiamenti condizioneranno lo sviluppo del distretto per sempre.

3.6   1988/1991 TRE ANNI DELLA NEWSLETTER DI PRATOFUTURA

Andrea Balestri e Daniela Toccafondi

Alcuni articoli significativi:

* Le resistenze al cambiamento: necessità di rinnovo del tessuto economico locale (1988)

* Miopia da campionario: il meccanismo di relazioni, di flussi d'informazioni e rapporti di forza interni alla catena "tessile abbigliamento distribuzione" sta cambiando mentre noi continuiamo a operare con le stesse logiche degli anni passati (1989)

* Allearsi per fronteggiare gli anni novanta: la cooperazione può svolgersi in vari modi: legami stretti (partecipazioni, fusioni) e deboli (accordi temporanei, presenze incrociate in consigli d'amministrazione) Gli uomini si associano per ridurre problemi complessi in sotto-problemi a portata di soluzione (1989)

- La fragile architettura delle imprese pratesi: centralità delle variabili organizzative, i rapporti tra imprenditori guida e terzisti, la trappola della flessibilità (1990)
- Affari di famiglia: il ricambio generazionale a Prato, impresa di famiglia o managerializzata? (1990)
- Pasticcioni o "postmoderni"? Dall'indagine sulle imprese intervistate emerge uno spaccato contrassegnato dalla presenza di metodi di lavoro fatto perlopiù di approcci empirici, modelli organizzativi disegnati direttamente sull'imprenditore, che accentra funzioni, non ricorre alla delega e controlla direttamente i propri subordinati. (1991)
- La storia di Prato e la sua immagine: un'immagine chiaro-scura! ...si apre la problematica di un'eventuale intervento sull'immagine globale e cioè la correzione di una versione riduttiva e unilaterale di quella che è la realtà pratese (1991)

(NOTA   dell'A)
Le lucide riflessioni che la Newsletter di Pratofutura ha proposto meritano di essere valutate tenendo soprattutto conto che sono state formulate più di trent'anni fa: il bilancio che se ne può fare? lascio al lettore le conclusioni.

3.7 IMPRESE E ASSOCIAZIONI PER LO SVILUPPO DEL DISTRETTO INDUSTRIALE PRATESE
Unione Industriale Pratese (presidenza Maselli) (01/2001)

SCENARI:
- concentrazione della confezione e della distribuzione, quindi diminuzione numero di clienti
- logistica sempre più importante, con applicazione delle nuove tecnologie
- rafforzamento marchi aziendali, con domanda di prodotti originali e consegne rapide

- Globalizzazione, allargamento all'Est europeo

Impatto nuovi scenari:

- Perdita di appeal delle fiere
- Necessità di creare più intense relazioni con i clienti
- Apertura del distretto verso scambi internazionali semilavorati

Le sfide:

- La crescita dimensionale, ma anche organizzativa e culturale sarà la sfida più importante
- La crescita si esprimerà con il presidio di una specializzazione, di offerta di un particolare servizio, con la caratterizzazione con una identità propria
- Ipotesi di integrazione più orizzontali che verticali

Le imprese terziste:

- La struttura del distretto manterrà la sua caratteristica, costituita da molte imprese di fase indipendenti, ma richiederà da parte dei committenti la considerazione dei subfornitori come parte integrante del processo, pena il collasso del ciclo di lavorazione
- sicuramente la schiera di terzisti, ma anche di committenti dovrà confrontarsi con l'evoluzione dei mercati adattando la propria organizzazione

Il Cardato

- Rimane ancora la famiglia di prodotti più importante e caratteristica
- Rivedere i rapporti tra committenti e terzisti

Le imprese familiari:

- i modelli gestionali delle imprese dovranno subire cambiamenti sostanziali, come la diluizione della matrice familiare introducendo manager esterni

L'innovazione tecnologica

- Necessità di non limitare l'innovazione al prodotto ma allargare la collaborazione con le industrie del meccanotessile per nuove applicazioni tecnologiche

Come affrontare il cambiamento:

Gli assi portanti della strategia dell'Unione saranno quattro: Competitività, risorse umane, innovazione tecnologica, promozione.

Competitività

- Migliorare le infrastrutture
- Ridurre la pressione tributaria e semplificazione procedure
- Promuovere il rispetto delle regole
- Orientare il sistema degli incentivi

Le risorse umane

- le risorse umane sono diventate più importanti del capitale quindi la formazione richiederà un impegno diretto dell'Unione
- In particolare, la formazione manageriale per il rinnovamento dello stile imprenditoriale locale
- Rimuovere l'inerzia culturale che ostacola una evoluzione della gestione delle imprese, gli scambi azionari, la spersonalizzazione delle aziende, l'introduzione di manager i patti familiari e il funzionamento dei consigli d'amministrazione

L'innovazione tecnologica

- L'innovazione tecnologica giocherà un ruolo pari a quello della moda
- Lo stimolo da parte dell'associazione avverrà attraverso il progetto "Unione digitale"

La promozione:

- Obiettivo il rafforzamento dell'immagine del distretto pratese, facendo leva sui legami tra moda, innovazione, cultura, patrimonio storico-architettonico e territorio della "FASHION VALLEY"
- Le fiere generaliste perderanno d'importanza e sarà necessario che le imprese, individualmente e associate adottino strumenti promozionali più articolati ed itineranti

3.8 DARE FUTURO AL DISTRETTO: LA VISIONE DELL'UNIONE, LE COSE DA FARE

Unione industriale pratese (presidenza Longo) (2004)

Segnali:

<u>Nuovo equilibrio dimensionale</u>

- Reti commerciali più robuste
- garantire maggiori livelli di qualità e di servizio
- fronteggiare rapporti con clienti più grandi e globalizzati

o le imprese crescono o si consolidano in rete

<u>Nuovo equilibrio tra gestione e famiglia</u>

- gestione troppo concentrata nella famiglia
- assenza di manager esterni

<u>Innovazione senza ricerca</u>

- solo ricerca incrementale
- CREAF, muri, senza cervelli

<u>Terzismo come parte integrante dell'offerta</u>

- dalla competizione alla partnership

<u>Internazionalizzazione commerciale</u>

- organizzazioni attraverso agenti obsolete

<u>La comunicazione di distretto</u>

- investire risorse
- continuità

  (NOTA dell'A). Seguiamo l'evoluzione nel tempo di questi auspici Curiosa la ripetitività nel tempo, segno di mancata realizzazione.

3.9 IMPRESE E TERRITORIO: IDEE E PROPOSTE D'INTERVENTO PER IL FUTURO DEL DISTRETTO PRATESE

Nomisma per Unione Industriale Pratese (Presidenza Longo) Prof. Gianni Lorenzoni (4/2007)

"chi crede d' essere arrivato gli è bell'e che finito"

Lo studio di Nomisma inizia con questa citazione dialettale, eloquente, che rappresenta il sospetto che nel distretto molti abbiano e abbiano avuto un atteggiamento poco incline a pensare di dover valutare nel tempo la necessità di cambiare. I distretti si trovano a dover adeguare la loro struttura ai grandi cambiamenti del sistema competitivo mondiale e Nomisma sintetizza preconizzando lo sviluppo su tre condizioni sistemiche:

- **un più forte profilo strategico delle imprese**: capacità di crescere culturalmente, organizzativamente, dimensionalmente. Esplorare e imparare cose nuove
- **capacità delle società locali (famiglie, istituzioni)** di adeguare ai nuovi tempi le risorse destinate alle loro aziende. (innovatività, competitività dinamica)
- **capacità dei sistemi produttivi locali di corrispondere alle attese e ai bisogni dei loro** territori (più qualità economica e sociale per trattenere e attrarre "talenti")

Tre condizioni evolutive complesse perché richiedono in molti casi di fare cose cognitivamente "diverse", fuori dagli schemi consolidati e quindi innovatori nelle imprese, nelle istituzioni locali e nelle classi dirigenti.
In definitiva una sfida molto grande!
Alcune condizioni:
"Imprese guida" che rappresentino non una fabbrica verticalizzata, ma un centro motore di una "rete" una costellazione d'imprese, con una forte capacità strategica.
L'auspicio che emerge dallo studio è il distretto deve diventare: "il tessile d'eccellenza nel fashion e nel servizio" e il settore delle confezioni salire verso l'alto.

(NOTA dell'A.)
Condizioni essenziali per realizzare in concreto la "Fashion Valley"

Le conclusioni dello studio sono imperniate su sei "temi":
Tema 1: mercati competitività e strategie
Un avvicinamento al consumatore a valle (rischioso!); rischiosa anche la scelta di una nicchia quando essa non sia supportata da eccellenza globale difendibile; un più profondo rapporto di partnership con i clienti; crescita della dimensione aziendale

Tema 2: filiera locale e catena del valore
rafforzamento della "partnership verticale" irrobustimento e qualificazione della filiera incrementandone le competenze e la capacità d'innovazione

Tema 3: Innovazione e ricerca tecnologica
La ricerca a livello locale può essere risolutiva? forse preferibile aprire a conoscenze derivate da ricerche dei centri di produzione del sapere mondiale.

Tema 4: Capitale umano e sistema educativo:
Da evitare il "localismo formativo", riflettere sul ruolo del Polo universitario e del Buzzi. Attingere a centri di eccellenza come poli a cui indirizzare risorse umane da far tornare sul territorio

(NOTA dell'A) La proposta di Mix Consulting Network per la costituzione di una borsa di studio per un neolaureato da inviare per un master all'università di Shangai, destinando il 10% del valore per tre anni, è rimasta senza reazioni dalla comunità degli imprenditori locali!

Tema 5: area metropolitana, infrastrutture e pianificazione integrata
Auspicata la necessità di una qualificazione del territorio in termini urbanistici e infrastrutturali nonché di un'apertura ad un'area metropolitana più vasta per una "fashion valley" che si basi anche sui valori storico-artistici di Firenze.

Tema 6: imprenditoria etnica, immigrazione, legalità:
auspicabile fare di Prato un laboratorio nazionale ed europeo

delle politiche dell'immigrazione lavorando in sinergia con gli altri attori locali.

Pratofutura ha in realtà iniziato una operazione di apertura alla comunità cinese locale, organizzando colloqui con la dirigenza di questa comunità, con prospettive iniziali positive: ma ancora una volta i progetti troppo "futuri" non trovano spazio in una business community restia al cambiamento culturale.

Sono passati ben 15 anni da questa ricerca: domandiamoci quanto è stato realizzato?

3.10 QUATTRO ALTERNATIVE PER IL FUTURO
Autori non identificati (ANNI '90)

(NOTA dell'A)
Mi rendo conto che riportare uno studio senza citare la fonte può essere considerato poco professionale, ma ho trovato nel mio archivio questa relazione senza riferimenti, sicuramente redatta alla fine degli anni novanta, che mi ha convinto per la sua puntualità e originalità degli scenari proposti.
Abbiamo comunque la libertà di non considerarla un riferimento funzionale al nostro scopo.

In sintesi, estrema: il quadro della situazione.
Da una serie di testimonianze si scoprono alcune smagliature nella struttura organizzativa e nella capacità di adattamento del sistema nel suo insieme, risulta che negli ultimi tempi.

- gli incrementi di produttività sono stati marginali;
- che vi sono ritardi nell'introduzione delle nuove tecnologie, in particolare di quelle che escono dai solchi tradizionali;
- che i sistemi di commercializzazione diffusi nell'area sono abbastanza vulnerabili;

- che i vantaggi competitivi delle aziende si sostengono su competenze nel complesso fragili, facilmente riproducibili;
- che parte di quelli che ancora pochi anni fa sembravano costituire i punti di forza delle piccole imprese: la flessibilità, la soggettività dei comportamenti imprenditoriali, ecc. non sono più determinanti nelle logiche competitive che si stanno affermando nei mercati dei prodotti dei tessili e dell'abbigliamento;
- che la redditività delle imprese appare condizionata sensibilmente dal variare delle mode;
- che il valore aggiunto infine tende sempre più a spostarsi nelle funzioni a latere come il design, la moda, la ricerca tecnologica e a valle la distribuzione e la parte di cui riescono ad appropriarsi le aziende locali si disperde in tanti piccoli grumi tanti quanti sono le unità produttive coinvolte nei processi produttivi;
- in una fase di sostanziale limatura dei margini operativi a causa della concorrenza nazionale ed internazionale, questa dispersione non facilita i dispiegamento delle risorse necessarie per organizzare le risposte che sembrano necessarie.

I punti di forza:
- localizzazione di un ingente volume di attività in un'area abbastanza circoscritta
- un'articolata divisione del processo produttivo tra impannatori e terzisti
- focalizzazione su un unico settore
- spiccata connotazione imprenditoriale che ha garantito un continuo ricambio di energie personali e una vivace concorrenza interna
- un'ampia apertura verso i mercati internazionali
- diffusione di processi innovativi, prevalentemente di tipo incrementale

- coerenza tra cultura e mentalità degli operatori locali (intraprendenza, individualismo, ecc.) e il tipo di attività svolta.

Da un'analisi della "catena del Valore" (M. Porter)

- **una dimensione critica delle imprese,** che limita i vantaggi derivanti nelle attività dirette (marketing, logistica, servizi) che quelle indirette (formazione risorse umane, sviluppo tecnologico, approvvigionamenti)
- **Un numero assai ristretto delle leve impiegate:** approvvigionamenti, logistica, commercializzazione
- **Una redditività** solo in presenza di competenze distintive

I punti di debolezza:

- Affollamento d'imprese che si contendono ordini e quote di mercato con continua riduzione di prezzi
- Una bassa capitalizzazione delle imprese e un limitato autofinanziamento e quindi una bassa redditività condizionata dalla bassa forza contrattuale nei confronti dei clienti
- diffusione di articoli sostitutivi che hanno minato le produzioni tipiche come il cardato ed i tessuti fantasia.
- Commercializzazione: intermediari più che organizzazioni di vendita guidate. Agenti plurimandatari inefficaci
- Un processo di scelta dei tessuti da parte dei confezionisti fortemente influenzato dagli stilisti, che rende inefficace una risposta attraverso intermediari
- Mancata adozione delle nuove tecnologie nel processo produttivo, non facilitato dall'estremo frazionamento della domanda (antinomia tra alta produttività e frazionamento produttivo)
- Anche il ciclo "scomposto" impedisce l'automatizzazione.
- Larga diffusione del fenomeno imitativo fra le imprese del distretto
- Vantaggi competitivi labili, senza barriere

- il mito del "mettersi in proprio" - tipici gli spin-off dai lanifici - contribuisce a rendere dinamico il distretto, ma con imprese che non crescono né dimensionalmente né culturalmente.

Le prospettive: i quattro scenari probabili
UNO: centro di moda industriale

- Dinamico, massicci investimenti in nuove tecnologie, automazione processi produttivi, imprese organizzate, camici bianchi, manager
- Concentrazione sulle fasce medie (De Rita: nulla sotto la "UNO", poco sopra la "THEMA")
- Chiusura strutture fatiscenti
- Commercializzazione evoluta, con figure nuove, magari consortili

Scenario condizionato da forti vincoli: investimenti, ricerca, cultura d'impresa,

DUE: centro di moda artigianale

- Prodotti attuali, con accentuazioni sul servizio
- Produrre lotti sempre più piccoli, con consegne sempre più brevi, accontentando il cliente con servizio sempre più personalizzato.
- Variante: un gruppo ristretto di produttori raffinati con produzioni sofisticate (sull'esempio dei maglifici scozzesi o le argenterie di Sheffield)

Scenario condizionato da una forte riduzione dei volumi, e quindi dell'occupazione e un probabile assopimento della vitalità imprenditoriale

TRE: centro tessile "immateriale"

- focalizzazione su progettazione e commercializzazione
- Joint-venture, concessione di licenze

Scenario condizionato da internazionalizzazione delle attività produttive, superamento problemi di mentalità, di lingue, di barriere comunicative.

QUATTRO: centro plurisettoriale
- Uno scenario più "possibile" che "probabile" che vedrebbe il declino totale del settore tessile

Scenario condizionato dall'individuazione delle attività alternative a quella tessile e non è risultato facile individuarle

(NOTA dell'A)

Ho trovato interessante soprattutto l'analisi equiparabile ad una SWAT (punti di forza/ debolezza - opportunità/ minacce) che la conclusione sugli scenari. Le osservazioni sono analoghe a quelle precedenti, segno che si sono fatti pochi progressi.

3.11 IL CAPITALE UMANO PER IL RILANCIO DELLA COMPETITIVITÀ DEL DISTRETTO PRATESE

Fondazione Nord-Est per Unione Industriale Pratese (**10/2008**)

Questa indagine è focalizzata su uno dei tempi più discussi e importanti per il distretto tessile pratese: **il capitale umano**, che come abbiamo avuto modo di commentare in un altro capitolo, è diventato piu importante di quello finanziario.

È un rapporto di 50 pagine e sintetizzarlo sarebbe abbastanza problematico.

In gennaio del 2009 però io commentai i risultati con una nota per la business community, che riporto di seguito e che commenta i principali risultati della ricerca, che mette in evidenza, non avevamo dubbi, i punti deboli del distretto in quest'area.

A proposito di "capitale umano"

Giampaolo Pacini, 20/01/2009

Alcune note a margine dell'indagine promossa dall'Unione Industriale di Prato in collaborazione con la Fondazione Nord-Est e delle riflessioni dell'Unione stessa sui risultati.

La base delle competenze del distretto

- Competenze collettive: (Genius loci) oggi prevalentemente "cultura del fare" (preziosa e da coltivare)

- Competenze individuali: conoscenze del management (Knowledge) oggi prevalentemente tecnica(tessile) e commerciale(di vendita), bassa cultura invece della governance dell'impresa.

Dalle competenze del fare a quelle della "corporate governance"

- La capacità cioè di governare l'impresa nella complessità del suo sistema competitivo (Percezione segnali deboli di cambiamento, strategie, sviluppo innovativo dei prodotti oltre la creatività/estetica, Cliente al centro dell'attenzione, presidio del processo produttivo, anche se esterno, sensibilità economico finanziaria, uso di servizi specializzati di consulenza)

Competenze coltivate vs competenze acquisite

- La presenza di laureati nelle imprese è bassissima e le imprese del distretto non insegnano, se non tecnica di progettazione tessuti e tecniche di processo (Buzzi[4]), che non sono sufficienti a garantire il successo.

- Oggi i manager vanno "importati" già fatti, per incidere sulla cultura   locale!
  Anche se non sarà una facile convivenza con la cultura imprenditoriale radicata!

---

[4] ITS Tullio Buzzi: l'istituto tecnico per l'industria tesile e tintorie fondato a Prato nel 1886,dove si studiano: Sistema moda, meccanica, meccatronica, elettronica ed elettrotecnica, chimica, materiali e biotecnologie.

- Il concetto di "learning-by-doing" va bene, ma occorre anche riflettere, pensare, acquisire consapevolezza delle azioni, e questo è molto difficile senza un tutor competente.

- L'aggiornamento, per gli imprenditori di qualsiasi età, deve essere un pensiero diffuso, ma purtroppo non lo è. Sembra che nessuno abbia da imparare niente da nessuno! Le difficoltà derivano tutte - un luogo comune - da fattori esterni!(sic!)

E' in crisi il modello di management delle imprese del distretto

- Le numerose imprese spontanee, derivate da spin-off dalle imprese più grandi   (Tipico il trio: il tecnico, il venditore ed il ragioniere), che tanto successo hanno avuto nel passato, hanno fatto il loro tempo!

- Anche le imprese che hanno operato il cambio generazionale sono in crisi di competenze, visto che i figli - dopo il Buzzi e magari anche Economia all'Università- non hanno acquisito esperienze esterne in aziende più avanzate.

- La capacità di rischio, l'intuizione, la competenza tecnica non sono più sufficienti a garantire il successo dell'impresa

Le conseguenze più evidenti?

- Non aver capito in tempo la grande trasformazione della domanda (Oltre alla creatività dei campionari il mercato chiedeva Velocità, Qualità del prodotto e delle consegne, coprogettazione dei prodotti col cliente)

- Non aver capito in tempo che "l'abdicazione" del processo produttivo ai terzisti, per raggiungere gli obiettivi di cui sopra, doveva essere trasformata in "delega", attraverso un cambiamento della relazione terzista/lanificio, basata fino ad oggi sulla conflittualità, anziché sull'integrazione (virtuale s'intende!)

I rimedi?

- Il primo è la consapevolezza dell'imprenditore che non si può rimanere legati agli schemi tradizionali, ma si debbono operare aggiornamenti radicali alla gestione delle imprese

- Un'azione collettiva delle Associazioni può essere importante, ma non decisiva, purtroppo!

3.12 QUALE FUTURO. TEMI E IMPEGNO PER L'ASSOCIAZIONE

Incontro Pratofutura (30/10/2008)

(NOTA dell'A)Erano presenti gli imprenditori più significativi del distretto, anche giovani e dall'incontro ci si sarebbe aspettato linee guida chiare,, forti, univoche: speranza perduta.
Questi sono alcuni esempi che si leggono nella sintesi curata da Daniela Toccafondi:

- AB: difficile fare previsioni. c'è un limite dimensionale nell'organizzazione. Affrontare il problema cinese. Non solo tessile.

- FB: Nei prossimi 5 anni addetti meno 20% dal "libero scambio" al "commercio equo"

- VC: attivare le leve istituzionali. Non solo tessile

- GS: il 2009 sarà l'anno peggiore dal dopoguerra. temi principali Etica e Legalità

- MM: guardare al futuro e concentrarci sui giovani: capire cosa vogliono fare di questa attività. Cosa vogliono cambiare.

- GS: momento difficile, richiederebbe qualità delle persone: trovo invece il vuoto, come ad esempio un commerciale bravo che ti riporti un'idea elaborata dal mercato. La fiera Unica era un'occasione: non l'abbiamo saputa sfruttare

- MM: in questi ultimi anni di rapidi cambiamenti le persone non si sono sapute adeguare. Come si fa anon capire che si doveva fare in altro modo: qual è il meccanismo?

- DB: la favola: " da dove si passa per dove debbo andare?" "dove devi andare?" "non lo so" "allora qualsiasi strada va bene" Chi resisterà? chi farà un buon prodotto con efficienza. Il terziario migliore lavora fuori distretto.

- FG: Più che parlare di tessile parliamo di futuro. Formare la classe dirigente del futuro

- LG: i ragazzi del Gruppo Giovani hanno tutti voglia di impegnarsi nel tessile.
- PB: Pratofutura deve indicare un metodo. Si potevano risparmiare i soldi del Forum e spenderli in modo diverso (sic!)
- VC: non abbiamo valutato a sufficienza le conseguenze.
- SB: ho ascoltato molte contraddizioni, non ci sono programmi

(NOTA dell'A)
mi sono messo nei panni di un manager esterno chiamato a gestire un'impresa del distretto: da un incontro del genere quali sono i "fatti" che son emersi, che mi possono servire da orientamento? Come ad esempio:
- *quali "opportunità-minacce" per il tessile?*
- *quale strategia di posizionamento per il futuro del distretto tessile?*
- *quali leve strategiche richiedono un rafforzamento?*
- *Il processo produttivo, così com'è strutturato va bene?*
e molto altro!

3.13 PRATO E L'URTO DEI CAMBIAMENTI
Pratofutura (2011)
Tre grandi progetti sui quali l'area si può interrogare per un cambiamento positivo per lo sviluppo.
I presupposti e i tre progetti nel dettaglio.
A margine sono riportate le note che feci seguire al rapporto.

- **Spostare l'attenzione dall'area urbana all'area metropolitana**
Il modello organizzativo pratese sta "evaporando", nascita e sviluppo di una fiorente industria dell'abbigliamento, ma posizionata su basse fasce di mercato e quindi non collegata alla produzione locale di semilavorati.
Pistoia e Firenze hanno caratteristiche di complementarità con le loro economie e società.

Lavorando sul piano territoriale allargato si possono individuare strategie di politica economica per un nuovo equilibrio locale.

(NOTA dell'A. 23/06/11)
Area metropolitana: un pensiero proattivo che deve essere sicuramente diffuso e sviluppato, ma difficile da accettare immediatamente. Noi pratesi abbiamo un senso di appartenenza verso la nostra città diverso dal campanile, infatti, essere contraddittori passando dall'amore all'odio, dall'arroganza del denaro al senso di inferiorità culturale, dall'entusiasmo all'indifferenza, da una repentina reazione alle difficoltà a un'inerzia disorientata. Bisognerà faticare molto e non abbandonare i primi insuccessi

- **Valorizzare la contemporaneità**

Nell'area metropolitana Prato può vantare una specificità nel valorizzare l'arte contemporanea che si può compattare con le iniziative sull'altro delle province vicine: la Fattoria di Celle, l'installazione del parco di Villa la Magia la Strozzina
Con funzione di coordinamento infatti, rispetto alle altre iniziative presenti, alla possibilità di lavorare sulla formazione informazione, tutto questo lo rende particolarmente adatto a funzione di collegamento e coordinamento
Per organizzare eventi ed incontri formativi a livello di dibattito e dimostrativo e divulgativo come premessa allo spostamento di ottica dal locale alla metropolitana, c'è la necessità di un maggior ordinamento fra i musei (i soli musei pratesi ancora oggi rappresentano isole autoreferenti che non dialogano sui programmi) e i centri di cultura (biblioteche, teatri, ecc.)
Occorre vestire la città di opere d'arte proponendo un'offerta da coordinare anche con Firenze.

- **Il turismo come nuova economia**

Un capitolo importante per il futuro! Dopo la chiusura delle APT si rende necessario un coordinamento metropolitano, per eliminare la parcellizzazione dell'offerta.
Prato deve adeguare il ricettivo e valorizzare i centri d'attrazione della città.

Valorizzare il "factory-outlet" e gli spacci aziendali dove il turista possa fare acquisti diretti

- **Investire in formazione pensando al medio periodo**

C'è una domanda di figure professionali preparate da attivare attraverso percorsi formativi specifici per l'abbigliamento e Prato potrebbe offrire ai giovani percorsi formativi di alto livello nel settore della moda.

A garanzia la presenza del Polo Universitario e del Campus Europeo Monash.

- **Coltivare l'immagine di Prato**

Le campagne stampa denigratorie hanno sicuramente lasciato il segno, occorre minimizzare la questione cinese.

I fattori qualificanti debbono essere la operosità, la creatività, la qualità dei prodotti.

(NOTA dell'A 23/06/11)

è indispensabile affidare la gestione della comunicazione ad un gruppo professionale che pianifichi le attività sulla base degli obiettivi, abbia un budget definito per le azioni programmate, sappia intervenire tempestivamente se e quando serve per raddrizzare il tiro e soprattutto gli si affidi il coordinamento dell'intera attività di comunicazione. Troppe volte si è tentato approcci sull'immagine: l'analisi di Giampaolo Fabris, il piano di Toscani, interventi di Morace e molti altri più modesti consulenti che non sono stati attivati. DOBBIAMO CAMBIARE APPROCCIO USCIRE DAL FAI DA TE!

Le proposte di Pratofutura

1. **Una scuola internazionale per tecnici dell'abbigliamento da progettare assieme ai maggiori brand del Made-in-Italy, centro di riferimento per il sistema moda.**

La proposta consiste nella creazione di un percorso formativo post-diploma, paritetico al triennio universitario, ma soprattutto un forte ancoraggio con il sistema delle imprese nel tentativo di creare conoscenza pratica.

Corsi in lingua inglese, aperti a studenti stranieri.

(NOTA dell'A 23/06/11)
attenzione a ben inquadrare il profilo di questi tecnici, la definizione rischia di far pensare a gente che "sappia fare" che ce n'è già tanta. La dematerializzazione del prodotto ha bisogno anche di uomini che sappiano interpretare segnali deboli di cambiamento, non solo stilistico e siano proattivi nell'implementazione di innovazione come risposta.
Il progetto non ha alcuna possibilità di successo se gli imprenditori non si convinceranno che questa è una strada obbligatoria per rilanciare il ruolo della città e che non possono aspettare che altri facciano.
Questo è il momento di grande di grande sfida per l'imprenditoria pratese

2. La cultura come spinta allo sviluppo in un'ottica di area metropolitana (Firenze-Prato-Pistoia) Ruolo del Centro Pecci e incentivazione del turismo

Le potenzialità come attrattiva del turismo verso la città:

- Il centro d'arte contemporanea L. Pecci
- la specificità dell'industria locale
- la capacità di organizzare eventi sulla contemporaneità. sull'innovazione, sull'arte, anche come espressione di un artigianato artistico
- L'offerta di prodotti: factory-outlet, il vino di Carmignano, le rappresentazioni teatrali, il Festival delle Colline, la Camerata, i luoghi etruschi e romani, il patrimonio legato al Lippi, le ville Medicee, ecc.

(NOTA dell'A 23/06/11)
La contemporaneità il principale vantaggio competitivo pratese che si può ben integrare con la storia di Firenze e del resto dell'area metropolitana L'innovazione questa capacità va coltivata e rilanciata uscendo dal mito della pura creatività estetica, che ha reso famoso il distretto, ma che ne ha anche limitata l'evoluzione.

3. La città bella e la valorizzazione dell'assetto urbano
Interventi prioritari per non diventare la periferia anonima del capoluogo:

- Interventi sulle zone degradate della città
- interventi sull'efficienza energetica anche nelle case a basso reddito
- siamo già al primo posto nella realizzazione di edifici scolastici ecosostenibili
- realizzazione di luoghi per la frequentazione dei bambini

Proposta di lanciare un concorso d'idee per giovani architetti che lavorino sul tema della commistione fra luoghi di lavoro e luoghi di residenza.

Una postfazione: come ci siamo arrivati, cosa ci distingue
L'ottimismo degli anni ruggenti ha lasciato il posto alle difficoltà di tenere unito il sistema economico.

Oggi tutto è possibile a Prato, ma con grandi differenze nei numeri: meno prodotti, meno acquisti, meno valore aggiunto, meno reddito per le famiglie.

Nel sistema economico pratese non c'è stata l'auspicata diversificazione, poche sembrano le prospettive per una nuova crescita trainata da altri settori manifatturieri, oppure affidata al terziario.

Per immaginare una nuova stagione di sviluppo sul nostro territorio, occorre scommettere tutti in modo deciso su almeno una prospettiva, ma prima ancora occorre chiarirsi bene le idee su quale debba essere.

Indubbio che l'economia pratese sia soggetta a una serie di importanti spinte di trasformazione che ne stanno cambiando i connotati.

Le imprese del settore tipico per tessile stanno diminuendo in modo drastico: sono 3.104 le imprese tessili nel primo trimestre del 2011 contro i 7.276 nel 2002 così come gli occupati, gli addetti sono stimati in 18.700 nel 2010 a fronte di 36.296 nel 2002. In generale meno propensione a mettersi in proprio e

meno giovani che si dedicano a questo settore.
I giovani al di sotto dei trent'anni che sono titolari o membri del consiglio d'amministrazione di aziende tessili sono diminuiti del 65% dal 2002 al 2009.
È inoltre cambiato il modo di fare innovazione nel settore del tessile dalla conoscenza diffusa propria di distretti industriali si è passati in breve tempo ai modelli di innovazione, frutto di laboratorio proprio dei tessuti con caratteri prestazionali antiallergici traspiranti antimacchia

A Prato si notano pochi cambiamenti dal punto di vista culturale: da Confindustria arriva una specie di out-out che impone una **crescita dimensionale** raggiunta con tentativi di costruzione di modelli diversi e con il **perseguimento di nuovi modi di fare impresa**
Imprese pluripersonali, reti di impresa, gruppi di imprese
ove la condivisione prevale sulla competizione, quindi non sembra interessare gli operatori: ne è prova il fatto che Pratofutura ha tentato di sottolineare l'importanza di nuovi modelli organizzativi, proponendo il modello delle aggregazioni e delle reti di impresa in varie riunioni aperte al pubblico e rafforzando la comunicazione con un convegno presso l'unione industriale
Nonostante i vari tentativi per il momento non si registra alcun cambiamento degno di rilievo tra le aziende tipiche del distretto; eppure, secondo l'economista Enzo Rullani siamo già arrivati ad un punto di non ritorno quel punto che cambia definitivamente la percezione del futuro... **"il futuro non si può prevedere ora il futuro si fa"** attraverso le decisioni di tutti i giorni.

Il problema "cinese" è stato oggetto di tentativi di integrazione, ma senza successi evidenti: poca simpatia degli operatori pratesi verso questa comunità (accusata - con pieno diritto - di agire nell'illegalità) e una certa ritrosia della comunità cinese.

La terziarizzazione dell'economia è un altro problema del distretto: lo sviluppo dei servizi è lento e ancora a livelli inferiori alla media nazionale.

I consulenti d'impresa stanno ottenendo maggior fiducia e collaborazione con le imprese.

(NOTA dell'A 23/06/11)

purtroppo lo sviluppo c'è stato per tutti quei consulenti "obbligatori" per pagare meno tasse - i commercialisti - per difendersi - gli avvocati - per gestire le conflittualità sindacali - i consulenti del lavoro - , molto meno anzi quasi mai per il management delle imprese (la strategia, la finanza, le operation, le risorse umane. Una presunzione grave e con conseguenze evidenti

3.14 DISTRETTO TESSILE DI PRATO: LE OCCASIONI PERSE PER SUPERARE IL CAMBIAMENTO DEL SISTEMA COMPETITIVO INTERNAZIONALE

Non pubblicato, ma inviato da me al presidente di Pratofutura (07/2020)

Caro Presidente,

È facile criticare a posteriori, ma nella mia attività di consulente di strategia d'impresa ho avuto numerosissime occasioni pubbliche per esprimere il mio punto di vista sulle strategie da adottare per superare il declino probabile del distretto. Molte delle previsioni sono risultate poi vicine alla realtà, ma poche sono state seguite.

Un testo un po' lungo, ma vale la pena di riflettere sui contenuti

Forse l'occasione che ha lasciato di più il segno è stato l'articolo che scrissi sul Tirreno del 10 novembre 2000, "Fashion valley, la Prato del futuro" che ipotizzava un probabile sviluppo del distretto verso un modello più avanzato ed a forte identità.

La scarsa sensibilità del territorio a prefigurare scenari evolutivi, che avrebbero richiesto via via aggiustamenti di rotta, ha

56

impedito alla classe dirigente la percezione di segnali deboli di cambiamento e quindi la necessità di adottare nuove strategie per il distretto.

E non sono mancati investimenti per capire: in dieci anni si sono organizzati convegni internazionali, effettuato ricerche, iniziato progetti innovativi, sentite testimonianze qualificate, che avrebbero dovuto produrre – e hanno prodotto, quasi sempre – stimoli a riflettere, ma purtroppo non ad agire!

Queste sono probabilmente le otto "occasioni perdute":

- **Capire che la globalizzazione dei mercati avrebbe cambiato il modello degli scambi (valori materiali ed immateriali dei prodotti, canali di distribuzione, tempi di consegna)**

Che era necessario passare dall'esportazione (vendere in altri paesi il prodotto concepito per il mercato nazionale) verso il **presidio dei mercati** (conoscere i mercati di assorbimento, capire le attese dei clienti potenziali, adeguare i prodotti, mantenendo la propria identità, organizzare la distribuzione con investimenti diretti, delegandola a strutture locali, ma senza abdicare).

Valorizzazione di Export manager con cultura internazionale, competenti a gestire la nuova complessità del mercato globale e non proseguire il processo d'internazionalizzazione affidandola al "ragioniere che sa l'inglese".

- **Capire che la distribuzione internazionale, alla ricerca di abbattere il rischio di stock invenduti, avrebbe chiesto nuove modalità di fornitura**

Il fast fashion non è stato percepito subito come fenomeno in crescita esponenziale, che avrebbe richiesto una nuova struttura della filiera produttiva, guidata e non subita com'è oggi, stressando il processo a monte.

- **Capire che sarebbe stato necessario un processo di revisione del modello organizzativo di produzione del tessuto, costituendo filiere collaborative e stabili.**

Avremmo dovuto delegare il processo produttivo (**delegare** = incaricare qualcuno di fare qualcosa in propria vece, dando precise istruzioni su come farlo, con quali tecnologie, a quali costi ed effettuare controlli sul mantenimento delle specifiche) invece di abdicarlo (**abdicare** = rinunciare al potere di controllo) cioè trasformare il decentramento produttivo in un semplice contratto di fornitura al miglior prezzo.

Una visione lungimirante avrebbe dovuto preferire una integrazione con la subfornitura, in una logica di cooperazione e non di conflittualità continua, con l'obiettivo unico di abbattere il prezzo: un orientamento che ha limitato nuovi investimenti tecnologici e soprattutto la revisione del processo secondo le nuove attese del mercato.

In definitiva integrazione economica e sociale (solidarietà) con il terzismo, in una relazione di reciproco vantaggio a lungo termine.

Questo abbandono ci è costato la perdita di competenze specifiche, una obsolescenza tecnologica del parco macchine del distretto, un difficile controllo di qualità e programmazione dei tempi di produzione.

- **Sulla base dei segnali deboli del mercato, avremmo dovuto pensare ad una strategia di allungamento della filiera**

Lo sviluppo della grande distribuzione (soprattutto le grandi catene specializzate come Zara, Mango, H&M, Benetton, Coin/Oviesse e altre) ha aumentato in modo esponenziale la richiesta di prodotto finito "chiavi in mano", per alimentare le loro "private label", consegnato con un tempo di fabbricazione (lead time) brevissimo e flessibile.

La domanda di queste catene non è solo "low cost", ma vi sono spazi per coprire esigenze di prodotti a forte contenuto di moda, con un time-to-market ed un lead time brevissimo. Prodotti a cui viene riconosciuto un premio di prezzo.

Forse ci sarebbe stata qualche opportunità di integrazione programmata e non selvaggia, con la comunità cinese locale?

- **Non credere in modo cieco alla creatività "stagionale" come vantaggio competitivo eterno e unico, accentuando l'attività di R&S**

La leva unica di mantenimento della competitività di prodotto, di processo, di servizio è la "differenziazione" rispetto alla concorrenza internazionale, uscendo dalla spirale della competitività di prezzo!

Un posizionamento originale ed unico è ottenibile solo attraverso l'innovazione, derivante da un serio programma collettivo di Ricerca & Sviluppo, i cui risultati possano essere utilizzati da tutti i produttori del distretto. L'obiettivo sarebbe il riposizionamento dei prodotti del distretto, con una identità forte, "unica", visto che questo risultato non lo potranno mai ottenere individualmente le piccole imprese produttrici locali!

Un esempio potrebbe essere "un marchio collettivo" per prodotti ecocompatibili.

- **Prevedere per tempo l'evoluzione del fenomeno cinese, adottando misure per facilitare l'integrazione, economica e sociale**

Un fenomeno da tempo definibile come inarrestabile, non può essere osteggiato, ma va controllato attraverso una rigorosa e continua programmazione, fatta sicuramente di diffusione della legalità, ma anche di ricerca di integrazione.

È un lavoro lungo, che richiede un gruppo di lavoro competente in appoggio all'amministrazione pubblica, per evitare prese di posizione estreme, assolutamente inefficaci.

- **Miopia assoluta sulla necessità di un processo evolutivo della governance delle imprese**

Nessuna evoluzione manageriale, nonostante la crescita del livello degli studi delle nuove generazioni, che però entrano direttamente in azienda dopo la laurea, senza acquisire esperienze formative all'esterno. (Master all'estero, stage in imprese avanzate all'estero, ecc.)

Quindi un management provinciale, rimasto alla valorizzazione del "saper fare" piuttosto che al "sapere" (cultura manageriale internazionale) indispensabile per gestire l'impresa in un sistema competitivo complesso e globale.

La ricerca per il middle-management è concentrata sui tecnici tessili, come se il problema fosse solo la ricerca stilistica.

La formazione (quella destinata ad imprenditori e quadri) ha ottenuto sempre scarsi risultati, nonostante gli sforzi dell'Unione Industriale, che ha proposto iniziative e pacchetti formativi per lo sviluppo manageriale di tutto rispetto.

Gli inserimenti di management evoluto dall'esterno, che potrebbe far uscire le imprese del distretto da una deleteria autoreferenzialità, sono stati rari e quasi tutti fallimentari.

Non si parli poi dell'utilizzo della Consulenza manageriale, che è sempre stata fuori dal pensiero dell'imprenditoria pratese.

- **Capire in tempo che sarebbe stato necessario un cambio di paradigma del distretto. Non più solo tessile per lo sviluppo della città.**

Prato è una città caratterizzata da gente dinamica, intraprendente, amante del rischio, con una innata vocazione all'imprenditorialità, una predilezione della contemporaneità (teatro e cinema d'avanguardia: Luca Ronconi, Massimo Luconi, Giovanni Veronesi; letteratura moderna: Edoardo Nesi e Sandro Veronesi; arte moderna: museo Pecci, uno dei più importanti del paese e la Galleria Falsetti, nota per la competenza della corrente dei macchiaioli; musica: con la "Camerata", nota orchestra ed apprezzata nel mondo!

Nel passato il distretto ha saputo superare con grande destrezza le numerose crisi cicliche del tessile, cambiando rotta rapidamente, ma la leva era prevalentemente "tecnica" e non culturale.

Oggi non è possibile salvarci cambiando semplicemente "prodotto", ma si deve necessariamente passare attraverso un cambiamento di paradigma, che richiede un approccio culturale diverso e non sarà più sufficiente il "saper fare" ma anche il "sapere". Il limite è stato forse questo: la presunzione che il know-how tecnico e la monosettorialità ci potessero proteggere per sempre.

C'è ancora spazio di recupero?

Sono convinto che ci siano grandi opportunità di recupero, se la Business Community tutta (imprenditori, associazioni datoriali, sindacati, professionisti, istituti finanziari, l'Università e la Pubblica Amministrazione - Provincia e Comune con il supporto della Regione) sapranno prendere coscienza delle nuove condizioni di rilancio, superando l'individualismo e gli sterili conflitti fra gli operatori, economici e politici.

- **Le priorità?**

Secondo il mio punto di vista sono essenzialmente tre, purtroppo nessuno con risultati a breve, che richiedono perciò lungimiranza, determinazione e rigore d'attuazione:

- **Promuovere con un progetto serio la cultura imprenditoriale locale, per integrare il Genius-loci con una visione internazionale** per renderla competitiva nel contesto globale, agendo non soltanto sui giovani, ma anche sulle generazioni "di mezzo": per passare da una cultura provinciale ad una internazionale e competitiva. Passare da il **"senso degli affari" alla "cultura degli affari"**, come affermava Alberto Parenti, uno dei più eficaci direttori dell'Unione Industriale Pratese (scomparso troppo presto!) Un progetto ambizioso ma determinante, se non vogliamo perdere questa sfida! **Operativamente: una Fondazione specifica?**

- **Rivedere il posizionamento del distretto, da tessile a Tessile/Abbigliamento, integrato da altri settori di successo internazionale (es.** Agroalimentare) integrando organicamente al tessile le confezioni e la maglieria, per un livello di prodotto di qualità e contenuti moda eccellenti, rivedendo la filosofia delle relazioni fra i componenti la filiera stessa (collaborativa e non conflittuale) con un progetto evolutivo che promuova la creazione di filiere integrate, con la nascita di "**reti di filiera**".

  Favorire l'attività di un Centro Ricerche con la partecipazione attiva di Imprese/Università/Pubblica amministrazione, che sviluppi una nuova identità del distretto e sappia trasferire innovazione sul territorio. Attività di comunicazione di distretto, a livello internazionale e prevalentemente di tipo "istituzionale" concentrando gli investimenti per la diffusione della nuova identità. Operativamente: la stessa Fondazione?

- **Progettare la città multietnica,** attraverso un piano organico d'integrazione delle popolazioni immigrate, soprattutto extracomunitarie, con l'obiettivo di creare un modello di convivenza sostenibile, valorizzando l'identità della città, opponendo la massima resistenza al degrado e diffondendo etica sociale e degli affari. **Operativamente: un Gruppo di mediazione interculturale**

- Soluzioni credibili? Si, se vogliamo che Prato mantenga la sua posizione di città guida com'è stata fino a qualche decina di anni fa!

62

- Realizzabile? Sì, se la classe dirigente, con umiltà, riconoscerà le occasioni perse e correndo al riparo con la determinazione del passato.

CONCLUSIONI:
SEGNALI DEBOLI CHE DIVENTANO ASSORDANTI MA NON GENERANO CAMBIAMENTO

La percezione di segnali deboli di cambiamento dovrebbe, di norma, come abbiamo già osservato, servire a costruire scenari, sulle influenze nell'attività di un'impresa - o di un distretto come nel nostro caso - e quindi azioni di assestamento costanti della strategia, pur rimanendo nell'area dell'obiettivo a medio-lungo termine.

Ma vediamo i segnali deboli diventati assordanti presenti nella maggior parte delle relazioni che abbiamo riportato:

1. **La dimensione dell'impresa: troppo piccola!**
   fallite tutte le buone intenzioni sulla crescita interna o per aggregazione o per acquisizione
2. **Sottocapitalizzazione delle imprese e bassi livelli di autofinanziamento: limiti all'innovazione tecnologica!**
   Nessun intervento di ricapitalizzazione con capitale di rischio (es. Minibond) ma solo indebitamento bancario
3. **La necessità di rivedere i rapporti terzisti/lanifici: verso filiere collaborative**
   Problema superdenunciato negli ultimi decenni con dichiarazioni di buona volontà da parte di tutti gli attori: nulla di fatto è avvenuto.
4. **Flessibilità: subita e non organizzata**
   La domanda di flessibilità proveniente dal mercato (piccoli

lotti in tempi brevi) non ha avuto una risposta organizzata, ma subìta (dai terzisti)

5. **Una nuova organizzazione di vendita all'estero: dall'esportazione al presidio dei mercati**
Il presidio dei mercati, con organizzazioni di vendita che non siano gestite da agenti plurimandatari, molto auspicata, mai realizzata (salvo due/tre imprese leader)

6. **Le fiere: non saranno più lo strumento strategico di vendita**
Ma la dimensione delle imprese terminali
(i lanifici/impannatori) non si possono permettere alternative.

7. **Dalla centralità del campionario a quella del cliente**
Strategie indifferenziate, campionari con un numero eccessivo di proposte-tentativo, più che focalizzate verso un cliente strategico.

8. **L'immissione di manager esterni alla famiglia**
Qualsiasi tentativo di immissione di manager esterni ha quasi sempre fallito, non solo ma alche l'immissione dei giovani della famiglia avviene senza esperienze esterne, formati in una impresa che non insegna.

da Triple helix innovation model - Elsam Kraft A/s - 2005

9. **Innovazione senza ricerca: non più solo ricerca incrementale (estetica)**
La forza del distretto è sempre stata la creatività del campionario, quindi innovazione incrementale. Nessuna importanza alla ricerca di base collettiva (Fallimento del CREAF, responsabilità della politica che aveva fatto ..."i conti senza l'oste" cioè gli imprenditori, assolutamente insensibili al problema

10. **Allungamento della filiera: verso il Tessile&Abbigliamento**
Solo alcune imprese lo hanno realizzato e poco o nulla si è fatto per sfruttare la presenza dell'industria cinese, che ha

raggiunto livelli di fatturato importantissimi, ma svincolati dal distretto tessile locale.

11. **Non più solo tessile**
Qualche caso interessante nell'alimentare

12. **Le risorse umane: più importanti del capitale, percorsi formativi a tutti i livelli (scuola internazionale per il T&A)**
FIL e Associazioni datoriali hanno promosso attività di formazione, ai livelli più bassi. Fallimentare la formazione manageriale.

13. **Interventi sull'immagine: comunicazione di distretto**
Fallito il tentativo con Oliviero Toscani moltissimi anni fa, l'attività di comunicazione del distretto è stata assolutamente inesistente.

4 I GRANDI PROGETTI

Sono i progetti proposti dall'Autore con la società MIX CONSULTING NETWORK, portati a termine, con o senza successo.

Purtroppo la maggior parte di essi non ha lasciato un segno concreto, se non la diffusione di concetti di management, gestione del territorio, aggregazioni d'impresa.

Fondamentalmente una delusione professionale.

4.1   GRANTESSUTO (1990)

La prima aggregazione imprenditoriale del distretto tra artigiani tessitori, promosso da Confartigianato e Comune di Prato

Una delle caratteristiche della struttura del distretto tessile pratese è stata sempre la estrema frammentazione delle imprese sia dei Lanifici (i cosiddetti "impannatori": imprese industriali, in realtà senza macchine e impianti) che degli artigiani subfornitori (i "terzisti").

Finchè il mercato ha mantenuto le caratteristiche originarie, cioè un processo lineare distribuito nel tempo: **progettazione campionari stagionali (2) > vendita tessuti su campionario > produzione attraverso una rete di subfornitori> consegna tessuti>** è rimasta una struttura efficace. Non solo, finchè si è prodotto cardato fantasia, con esigenze di qualità omogenea meno stringente, tutto bene, da quando la domanda di qualità omogenea è diventata pressante, il frazionamento dei subfornitori non garantiva più l'omogeneità richiesta.

Già quindi negli anni fine '80 si percepiva la necessità di creare strutture di subfornitura più dimensionate, che garantissero affidabilità qualitativa, velocità di consegne e proprio in quegli anni che Confartigianato progettò le cosiddette "Isole Produttive".

La proposta di un progetto di aggregazione di imprese terziste, formulato dalla mia società di consulenza, coinvolse anche il comune di Prato, che co-finanziò l'iniziativa. Fu così che nacque il progetto *GRANTESSUTO,* che fu concepito come progetto che nasceva dal basso, con un processo assai originale:

- **Lancio del progetto alla città**, con il coinvolgimento di 4000 famiglie di artigiani tessili, alle quali fu spedito un giornale che illustrava il progetto e stimolava alla mobilitazione.

68

- **Invito degli artigiani in un grande centro congressi** per capire meglio le caratteristiche del progetto: aderirono in quasi 400 artigiani fra i quali furono raccolte 30 adesioni in due gruppi da 15 persone.

- **Inizio del programma di presa di coscienza del progetto** attraverso incontri serali, nei due gruppi separati, dopo il lavoro - dalle 20 alle 24 - durante i quali specialisti di animazione imprenditoriale (io, il mio socio specialista in conduzione di gruppi attraverso la tecnica maieutica, più una psicologa, affrontammo, per oltre un anno, i temi dell'aggregazione.

- **Non erano lezioni, ma discussioni con la partecipazione di testimoni,** affinché il processo di aggregazione avvenisse dopo averne compreso le implicazioni, le libertà contrapposte agli obblighi, i fattori di successo.

- **Il sistema competitivo che cambia**: analisi dell'evoluzione della domanda di mercato, le conseguenze sulla struttura produttiva del distretto, le nuove necessità di flessibilità, livelli qualitativi, tecnologie produttive.

- **L'importanza della dimensione**: la discussione sulle ragioni di una crescita dimensionale delle imprese di produzione, per dare risposte efficaci ai committenti.

- **progettazione della strategia di mercato, della struttura produttiva, delle tipologie di macchine, del sistema organizzativo.** Alla fine del processo la "fabbrica" con 80 telai ed un orditoio era progettata. Purtroppo a metà percorso perdemmo un gruppo, quello con i componenti più anziani, che abbandonò il progetto.

- **Concentrazione dei telai in un unico centro,** i nuovi soci di Grantessuto abbandonarono i loro "stanzoncini Sottocasa" e i loro garage e una parte dei telai furono trasferiti nella nuova struttura, mentre un nuovo lotto di macchine più moderne fu acquistato nuovo.

- **La capitalizzazione di GRANTESSUTO** avvenne senza finanziamenti pubblici, ma con acquisti delle macchine e pagamenti con un grosso pacchetto di cambiali firmate dai 10 soci.

L'avvio dell'attività, fortuna volle, che coincise con una domanda di mercato vivace e così gli ordini arrivarono immediatamente e l'impresa prese avvio con successo, facendo fronte regolarmente ai suoi impegni finanziari, per molti anni.

Il progetto ebbe una risonanza non solo nazionale, ma anche internazionale: fummo chiamati infatti a illustrare l'esperienza in Svizzera alla società Nazionale di Marketing, a Milano in un convegno dell'Associazione Nazionale Terzisti, a Porto Tolle in un convegno sul nuovo terzismo.

L'attività ha avuto una vita corretta e con profitto finchè una parte del gruppo dirigente convinse i soci a modificare la strategia - originariamente focalizzata sulle subforniture - a improvvisarsi impannatori e cioè concorrenti dei propri clienti, producendo tessuti.

L'operazione provocò nel tempo perdite tali da provocare dopo 17 anni il fallimento.

(NOTA   dell'A)
Il progetto merita una osservazione finale: i promotori dell'iniziativa, Confartigianato e Comune si aspettavano una ondata di nuove iniziative di aggregazione, visto il successo di Grantessuto: in realtà gli artigiani tessili che non avevano partecipato reagirono molto negativamente all'iniziativa, che considerarono di "concorrenza sleale" nei confronti delle piccole imprese.
Con questo spirito delle categoria (ottuso in verità) come poteva svilupparsi una evoluzione dimensionale? Infatti, tutto è rimasto come prima!

Il Sole 24 ORE

Nuova formula di alleanza produttiva nel tessile

Prato, per fermare la crisi i «piccoli» si raggruppano

In un solo stabilimento nove tessiture autonome

MILANO — Un'alleanza tra aziende artigiane per dare vita a un'impresa di dimensioni industriali. Non una fusione, ma un'organizzazione in cui ciascuno mantiene la propria autonomia operativa, mentre tutte le attività vengono concentrate in un unico stabilimento produttivo. È questo lo schema studiato da nove piccoli façonisti pratesi per creare Grantessuto, una tessitura in conto terzi specializzata in prodotti lanieri di qualità, che sarà operativa a metà '92 con una capacità di 4,5 milioni di metri l'anno e un fatturato iniziale di 6,8 miliardi.

In una fase di crisi per il tessile–abbigliamento, con l'industria che si interroga sul futuro e sull'evoluzione che attende la sua struttura, popolata da migliaia di aziende "mignon", Prato (12mila aziende tessili, quasi tutte artigiane, e 47mila addetti) lancia una proposta concreta. Per superare la polverizzazione produttiva, abbattere i costi e rispondere alla crescente richiesta di flessibilità e di qualità.

Dopo una gestazione di un anno e mezzo, nove aziende artigiane (otto di tessitura e una di orditura) hanno dato il via al progetto Grantessuto, che si configura come consorzio in forma cooperativa di servizi. E che presenta una novità strategica rispetto alla strada del semplice accorpamento tra unità: l'aggregazione tra imprese terziste della stessa fase e di fasi contigue per realizzare un'«isola di produzione tessile». In sostanza, vengono concentrate in uno stabilimento (di 7mila metri quadri) tutte le attività delle società, ciascuna delle quali conserva autonomia e particolarità produttive. «Il consorzio — spiega Stefano Acerbi, consigliere di Grantessuto — opera come un centro servizi, che costituisce l'interfaccia unitaria con il mercato e eroga servizi alle imprese partecipanti».

Federico Momoli

30/11/1991

1.1

4.2 CONVEGNO: QUALE VENTO DELL'EST PER LA PICCOLA E MEDIA IMPRESA? (GIUGNO 1990)

Banca Toscana e Mix Consulting Network organizzano un Convegno per verificare se il "Vento dell'Est", dopo la recentissima caduta del muro di Berlino (novembre 1989), sarà rigenerante e ricco di prospettive o minaccioso per una PMI ed in caso positivo, come coglierlo?

Al convegno organizzato nella sede della banca Toscana di Firenze le partecipazioni furono numerosissime e quello che è più interessante è che i partecipanti del settore tessile e abbigliamento furono molto numerosi. Infatti, 19% dei partecipanti era del tessile, il 13% dell'abbigliamento, il 6% della pelle, il 2% delle calzature il 3% degli accessori di abbigliamento quindi quasi la metà dei partecipanti al convegno di Firenze furono del settore T&A Calzature e questo per noi fu un successo importante.

Intervento introduttivo di Giampaolo Pacini Partner MIX Consulting Network

Molti piccoli e medi imprenditori sono già sulla porta con la valigia pronta!
Il viaggio all'est si trasformerà in una nuova avventura imprenditoriale oppure una delusione? Mix Consulting Network sul filo di questo dubbio, operando da oltre 15 anni nell'area della consulenza strategica per la piccola e media impresa, ha organizzato in collaborazione con la banca Toscana un doppio convegno a Firenze e a Pesaro sul vento dell'est per la piccola e media impresa, il cui obiettivo è di verificare se questo evento sarà rigenerante e ricco di prospettive, oppure minaccioso per una piccola e media impresa e, in caso positivo, come coglierlo?
In particolare, le domande che più ricorrono nelle imprese sono:

si sono realmente aperte le grandi e immediate opportunità oppure la situazione è più complessa e cioè il rischio di alimentare speranze affrettate, che si trasformeranno presto in una delusione? E ancora: le opportunità già aperte per le grandi imprese possono valere anche per la piccola e media impresa? In questo convegno si tenta di rispondere a questi interrogativi fornendo alle imprese presenti alcune indicazioni per evitare almeno i rischi più prevedibili.

Il convegno è un confronto fra esperti e imprenditori di due aree nelle quali si concentrano significative presenze di piccole e medie imprese della toscana e quella romagnola-marchigiana, dove la presenza del Tessile&Abbigliamento è abbastanza consistente.

Gli interventi che sono seguiti:

- **Paolo Sorbi** consulente di scenari, coordinatore del dibattito sul tema "lo scenario globale dell'est fatti e megatrend"
- **Carlo Bastasin**, economista ufficio studi del Sole 24 Ore, le grandi opportunità per le imprese
- **Giancarlo Meroni**, presidente SIC International S.r.l., le cooperative: esperienze e prospettive future
- **Giovanni Giustiniani**, direttore della divisione rappresentanza industriale della coe&clerici spa e **Giorgio Talpo** amministrazione delegato Master de first S.r.l. consulenze PR marketing per i paesi dell'est, sul tema piccole e medie imprese all'estero ottimismo o cautela?
- **Andrea Galli**, responsabile dei rapporti con i paesi dell'est della banca Toscana, I) l supporto di una grande banca
- **Luigi Gambarini** partner di mix Consulting network, un orientamento conclusivo per la piccola e media impresa: Ottimismo dunque inviti alla cautela. In questo convegno abbiamo ascoltato numerose declinazioni sul vento dell'est, anche la nostra società, che ha promosso con la banca Toscana questo dibattito, ha una

tesi che non è quella dell'immobilismo ma è quello del "fare" e " agire" è infatti è sempre stata una regola inderogabile per l'imprenditore.

Non fare può significare perdere il treno! I consigli che abbiamo cercato di trasmettere con questi incontro e di **fare-pensando** in modo da garantirsi che il treno preso al volo sia quello giusto. Il pensare significa conoscere e verificare, avvertire segnali quando sono deboli perché quando sono forti i fatti a cui si riferiscono si stanno forse esaurendo

4.3   PROGETTO ARCIPELAGO (1991)
Piano d'intervento sul terzismo artigiano, nell'ottica di rivitalizzazione del sistema produttivo tessile pratese

CEDIT, Centro Imprenditoriale della Toscana Firenze Confartigianato, Prato

Il progetto Arcipelago è il risultato di studi e sperimentazioni già in corso su iniziativa di Confartigianato di Prato e del Comune di Prato per l'accorpamento di imprese artigiane tessili (Grantessuto)

I presupposti

- Il nodo problematico fondamentale per gli artigiani terzisti è il rapporto conflittuale con la committenza: impannatori e lanifici. Si può costruire un rapporto contrattato ed efficiente, che può diventare un rapporto di vera e propria collaborazione, solo se le imprese artigiane superano la dimensione strutturale e di mentalità, "terzista" e diventano **aziende di produzione,** con un forte vantaggio competitivo: un'offerta produttiva qualificata e certificata

- Il passaggio da azienda terzista ad azienda di produzione comporta un mutamento di identità degli uomini,

74

un'evoluzione delle aziende verso dimensioni più significative.

- Tali dimensioni possono derivare da: micro-aggregazioni fra pochi artigiani; accorpamento di numerosi artigiani in entità più strutturate; sviluppo autonomo di aziende artigiane di dimensioni più ampie

- In tutti i casi deve essere salvaguardato lo spirito di indipendenza del singolo artigiano che anche in situazioni di aggregazione e di coordinamento unitario delle attività lavorative deve trovare propri spazi di gestione autonoma.

- L'azienda di produzione deve soddisfare le richieste della committenza con specializzazione flessibile, qualità certificata, programmazione, puntualità e innovazione tecnologica.

Secondo una ricerca effettuata dal Nomisma fra il 1984 e il 1988 il numero delle imprese terziste avrebbe subito le seguenti riduzioni:

Importatori di materie prime -50% cernita di stracci -40% sfilacciatura -30% filatura -35% roccatura -15% ritorcitura -25% aspatura -30% orditura -10% tessitura -20%

Quindi una situazione difficile, di declino, che può essere contrastato solo con progetti strutturati che puntino all'evoluzione dell'imprenditoria artigiana.

Il progetto arcipelago è costituito da diversi sotto progetti:

- **progetto uno** riguarda la creazione e la formazione degli animatori formatori che devono intervenire sul tessuto artigiano per stimolare la crescita e lo stimolo all'aggregazione

- **il secondo progetto** è quello della selezione degli imprenditori che saranno poi oggetto di sensibilizzazione all'aggregazione

- **il progetto tre** è quello della formazione degli imprenditori per prepararli a questa evoluzione

- **il progetto quattro** la riqualificazione del personale dipendente attraverso progetti di formazione e di aggiornamento *(NOTA dell'A) Il progetto non andò in porto per mancanza di finanziamenti pubblici*

4.4 IL RESPONSABILE COMMERCIALE NELL'INDUSTRIA TESSILE (1995)

Il nuovo ruolo del quadro commerciale nel Tessile: un corso di formazione progettato da Giampaolo Pacini e gestito dalle imprese del Terziario Innovativo dell'Unione Industriale Pratese

I forti cambiamenti del sistema competitivo del settore tessile hanno fatto emergere negli ultimi anni alcune debolezze delle condizioni competitive di molte imprese dell'area di Prato.

Il radicato e prevalente orientamento alla produzione e alla vendita invece che al mercato e ai clienti agisce da vincolo l'adeguamento delle imprese alle nuove esigenze dei mercati che sono sempre più competitivi e qualitativamente diversi.

Tali cambiamenti fanno crescere i bisogni delle imprese di dotarsi di strutture commerciali sempre più sensibili ai continui mutamenti dei mercati
Nel disorientamento di molte imprese di fronte alla crisi, la funzione commerciale acquista quindi un ruolo cruciale e cambia molti dei suoi caratteri tradizionali.
In tutte le imprese sia in quelle tradizionali che si stanno evolvendo sotto la spinta dei cambiamenti dello scenario competitivo, sia per le imprese più avanzate, l'ufficio commerciale il punto di collegamento fra l'azienda e il suo mercato, **diventa di primaria importanza il ruolo di coloro che si occupano di questa funzione e che sono i referenti operativi dell'impresa di fronte ai clienti**
Esiste quindi la necessità per le imprese di disporre di personale aggiornato che, oltre a conoscere le tematiche della gestione

commerciale più evoluta, siano in grado di applicare operativamente le nuove tecniche

Il ruolo passato
in passato le funzioni del quadro commerciale riguardavano i seguenti aspetti
- rapporti con i clienti (visite incontri in fiera)
- assistenza degli agenti documentazioni informazioni visite nell'area, ecc.
- rilevazione dei dati di vendita

le funzioni attuali
il nuovo profilo professionale mantiene gli aspetti tradizionali ma contempla conoscenze molto più ampie e nuove competenze operative.
Al nuovo responsabile dell'ufficio commerciale si richiede di:
- porre attenzione all'evoluzione del mercato raccogliendo informazioni ed effettuando ricerche
- assistere l'imprenditore nelle attività di ricerca e di sviluppo
- gestire direttamente o assistere l'imprenditore nella gestione della forza vendite, dalla selezione al controllo dei risultati
- assistere i clienti per facilitare i rapporti di collaborazione di partnership
- assistere l'imprenditore nel coordinamento e nella realizzazione delle attività di comunicazione e di promozione

Obiettivi del corso e destinatari

Offrire al responsabile della funzione commerciale siano essi titolari o quadri di imprese tessili pratesi l'opportunità di riesaminare la propria posizione professionale e progettare un percorso di qualificazione
È prevista una procedura propedeutica all'inizio del corso per l'individuazione, con un gruppo di potenziali partecipanti, delle

linee guida del percorso formativo, in modo da adattarlo il più possibile ai bisogni reali:

Un corso di formazione originale
I 7 punti che caratterizzeranno il piano formativo
I corsi di base che formano quadri commerciali spesso anche quelli più corretti ed efficaci non tengono sempre presenti il contesto in cui il partecipante deve o dovrà operare infatti quando sono corsi standardizzati tendono a trasferire concetti a esordi dalla realtà di chi partecipa.

Il modello proposto si caratterizza per i seguenti elementi che posizionano il corso stesso in modo originale rispetto all'offerta formativa tradizionale

1. **nuovo ruolo in una nuova cultura d'impresa** tutto il progetto è stato strutturato tenendo presente il nuovo ruolo in crescita dell'area commerciale ciò che questo comporta in termini di nuove competenze

2. **Un corso per la piccola e media impresa**
   questo corso di formazione per responsabili commerciali è studiato e sperimentato per la struttura dell'impresa medio piccola

3. **adattato al settore moda** molti corsi di formazione non ottengono risultati nella fase di inserimento nell'esperienza concreta delle imprese perché avulsi dal settore produttivo di riferimento il modello che proponiamo parte costantemente invece dall'esperienza del settore moda

4. **orientamento all'innovazione e al cambiamento** uno degli elementi fondamentali del corso sta nel trasferimento dei concetti di innovazione e cambiamento dell'impresa questo permette ai partecipanti di acquisire capacità di risposta rapida ai cambiamenti concetti innovativi verranno trasferiti anche attraverso l'illustrazione delle nuove leve strategiche per le imprese: gestione e sviluppo del rapporto col cliente; fashion management il rapporto fra marketing e stilismo; qualità come risposta delle attese del cliente

5. **l'uso di metodi interattivi** la motivazione da parte dei partecipanti viene stimolata attraverso la metodologia di coinvolgimento continuo dialogo interattivo lavoro di gruppo brainstorming e tecniche di comunicazione che stimano l'intervento diretto, inoltre, il corso è arricchito da esercitazioni su casi concreti con la partecipazione di testimonial aziendali laddove necessario è possibile
6. **più consulenti di impresa che docenti** caratteristiche originali del corso della presenza di docenti/consulenti di impresa e l'utilizzazione di testimonianze imprenditoriali che permetteranno di trasferire i concetti molto concreti e pratici facilitando le applicazioni delle imprese
7. **sperimentazione aziendale** oltre alle ore in aula è prevista la verifica guidata dell'applicabilità dei modelli discussi nelle realtà aziendali dei partecipanti

I temi principali da suggerire
le chiavi di volta:
- il sistema competitivo
- la visione imprenditoriale e strategie commerciali
- gestione sviluppo del rapporto con il cliente
- il rapporto fra mercato e stilismo il fashion management
- la qualità come risposta alle attese del cliente

le funzioni
- gestione del sistema informativo di marketing
- partecipazione alla progettazione della collezione
- gestione della rete vendita
- assistenza ai clienti per favorire rapporti di collaborazione
- assistenza all'attività di comunicazione
- redazione piano vendita e controllo dei risultati

Iter del progetto
Incontro delle imprese di consulenza iscritte all'Unione industriale Pratese, sezione Terziario Innovativo, per la

definizione dei temi e dei ruoli in base alle competenze specifiche
possedute

- **Sensibilizzazione del responsabili commerciali dei
  Lanifici pratesi,** incontro seminario breve per individuare
  le aree su cui i responsabili commerciali sono più sensibili e
  sulle quali sarebbero interessati a percorsi formativi o di
  aggiornamento
- **presentazione di un programma di massima**
- **definizione del calendario degli incontri**
- **ripartizione definitiva dei temi e dei ruoli dei consulenti
  aderenti.**

4.5   PROGETTO PRATO QUALITÀ (1997)
**Un progetto dell'Assessorato al Turismo della Provincia di
Prato**

La qualità per la valorizzazione del territorio: Intervento di
Bruno Ferranti, Assessore al turismo della Provincia di Prato,
gennaio 1998:

Il progetto avviato nell'estate del 1997 dall'assessorato turismo
della provincia si inquadra in una forte attenzione
dell'amministrazione provinciale di Prato verso il turismo come
comparto che può integrare felicemente i sistemi economico
pratese e questo per i valori che di fatto è provato dalla cultura
industriale tessile nota in tutto il mondo, all'arte e ai valori
enogastronomici e ambientali molti di questi valori non sono
ancora noti all'esterno e spesso neppure all'interno tutti questi
valori insieme compongono però un ricco mosaico di
opportunità gradite sia a chi visita il nostro territorio per vacanza
sia a chi viene nell'area per lavoro ma il mosaico si potrà
comporre solo se i vari tasselli troveranno armonica intera
intersecazione fra di loro se cioè gli operatori sapranno lavorare

insieme alla creazione di un'offerta articolata e di qualità questo è il senso del progetto avviare cioè nell'area a un processo nel quale pubblico e privato sappiano collaborare al comune miglioramento non è un processo facile perché tende a scalfire i naturali individualismo toscano ma la strada va percorsa perché solo così si può ambire a un ruolo nei turismi che oggi sono emergenti città d'arte ambiente cultura industriale enogastronomia.

Non una ricerca ma un metodo per "fare"

Proprio qualità non è una ricerca di mercato anche se è prevista una prima analisi sul territorio monitoraggio delle attese e degrado di soddisfazione del turista cliente dell'area da condurre attraverso gli operatori pubblici e privati è piuttosto un progetto di intervento concreto che permette di avviare da subito e secondo una metodologia innovativa di lavoro di gruppo del territorio un piano di miglioramento dell'area attraverso le logiche e la qualità totale vale a dire attraverso due concetti di base soddisfazione dei clienti interno cioè il cittadino ed esterno cioè il turista ricerca del profitto per l'impresa il gruppo di consulenza che coordina questo progetto Microsoft di network ha per obiettivo più che stimolare e arricchire dibattiti quello di attivare gli operatori un cambiamento concreto un'attitudine al fare più che a discutere esperienze concrete di questo modello sono state condotte in altre città italiane.

Gli obiettivi del progetto

1. Sensibilizzare l'area sistema analogiche della qualità totale
2. Stimolare operatori pubblici e privati a collaborare in un progetto di area sistema dove il cliente è comune e vive esperienze turistiche in modo complessivo
3. Sperimentare tecniche di lavoro di gruppo interdisciplinare per superare i conflitti interni che facilitano il permanere di servizi nell'area sistema

4. Introdurre innovazioni gestionali nelle piccole imprese turistiche o completamente complementari sia a livello strategico (sistema competitivo) sia di relazione con il cliente.
5. Introdurre sistemi per favorire il miglioramento dei servizi e quindi della competitività attraverso l'ascolto costante del cliente
6. Introdurre nell'amministrazione pubblica logiche innovative per migliorare il servizio al cliente turista e al cliente cittadino o imprenditore

Uno dei freni più forti al cambiamento in un'area è nella ricerca di grandi soluzioni: senza i grandi progetti sembra impossibile muoversi.

Dalle grandi soluzioni ai piccoli passi

Non neghiamo ai grandi progetti un ruolo fondamentale quello di spingere l'orizzonte verso lungo termine e di progettare il futuro tuttavia se le condizioni di realizzabilità dei grandi progetti sembrano essere troppo gravose e i tempi dilatarsi troppo a causa delle difficoltà finanziarie crescenti delle amministrazione pubbliche può nascere il territorio una forma di frustrazione strisciante che porta all'esasperazione polemica e spesso l'immobilismo come se tutti i problemi dovessero necessariamente passare attraverso grandi soluzioni la logica dei piccoli passi sia pure con una direttrice di riferimento cioè la

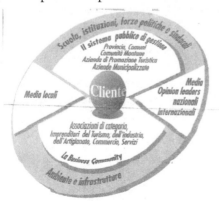

vision e invece vincente perché può nascere nell'area una nuova relazione un nuovo modo di attivare i cambiamenti occorre passare dalla discussione continua al fare per evitare che discutendo all'infinito ci si trovi nelle stesse posizioni di partenza

Qualità sistemica, un metodo per decidere in gruppo

Qualità sistemica è una metodologia di intervento del territorio messa a punto da Mix Consulting Network che sperimentata in diverse aree italiane. La metodologia può supportare il rilancio di città province o aree sistema attraverso le logiche del miglioramento   continuo.

La dimensione delle aree non condiziona il risultato di un intervento ma solo la sua applicazione piccole località alla ricerca di un rilancio o di un recupero di identità possono trovare in qualità sistemica un modello particolarmente adatto per interventi   efficaci.

Per le aree più grandi il modello qualità sistemica rappresenta un momento di aggregazione senza per questo penalizzare le singole specificità. Per le sue caratteristiche qualità sistemica può favorire infatti aggregazioni o alleanze fra aree limitrofe.

Qualità sistemica si applica attraverso due metodologie di intervento

- sensibilizzazione e formazione alle logiche della qualità totale
- attività di gruppi di progetto pilota formati da imprenditori o da amministratori pubblici assistiti attraverso metodologie che favoriscono innovazioni gestionali

Gli obiettivi di un'area sistema sono quindi obiettivi comuni di ordine superiore pur mantenendo ciascun operatore o ciascun'area   la   propria   autonomia

Le logiche di qualità sistemica si possono sintetizzare in questi punti

- il cliente costantemente al centro dell'attenzione di tutta l'area sistema
- miglioramento a piccoli passi a partire da subito nelle singole attività economiche nella gestione pubblica
- miglioramento in gruppo passare dal discutere al ping-pong delle responsabilità al "fare" concretamente insieme

- il cliente quando è in casa nostra ci permette di capire tutto ciò che serve a mantenerlo fedele traendone profitto conquistare nuovi clienti adatti a noi

IL PROFILO DEL SUCCESSO

Il successo di un'area turistica presenta le seguenti quattro caratteristiche

- l'area si offre come un'area sistema integrata e non come semplice sovrapposizione di attività individuali
- esistono anche se spontanee forti condivisioni di obiettivi di medio lungo periodo
- esiste coerenza anche qui spesso spontanea fra le attività dei vari imprenditori individuali che perseguono scopi simili con metodologie affini
- fra gli operatori pubblici e privati e fra gli stessi operatori privati il tasso di conflittualità è contenuto in limite accettabili e di positiva dialettica

Il progetto contribuì all'aggregazione di un ampio numero di operatori che, motivati, iniziarono una collaborazione spontanea tra loro promuovendo iniziative di soddisfazione generale. E poi? cambia l'assessore e il nuovo non si degna neanche di "capire" direttamente da noi cosa fosse stato fatto, con quali risultati e se valesse la pena di valutare la continuità dell'iniziativa

Pessima abitudine della politica di considerare quello che si è fatto prima di noi necessariamente sbagliato e presuntuosamente si ricomincia daccapo.

4.6   PRATO COMPANY, (1998)
un progetto per la verifica e la promozione dell'integrazione tra Lanifici e Terzisti, promosso da Unione Industriale Pratese

84

La relazione tra Terzisti e Lanifici è sempre stato un problema dibattuto moltissimo, con iniziative più o meno efficaci, tutte a difesa di uno o dell'altro contraente.

Protocolli d'intesa sulle regole, quasi mai applicati, tariffari teorici disattesi da tutti alla prima occasione, insomma un rapporto di tipo "conflittuale" che non è mai stato a vantaggio reciproco, ma sempre a scapito di un contraente, quasi sempre il terzista.

Un problema annoso era anche la trasmissione dei dati di processo e dei controlli, che ogni impresa svolgeva con un suo metodo, raramente condiviso.

Infine, l'unificazione della struttura delle pezze - il numero dei "licci" di cui è composta una tela - spesso si differenziano per piccole quantità tra un committente ed un altro e questo complica il passaggio da una tela a un'altra. L'unificazione dei licci è stato un problema irrisolto.

Ebbene per provocare un confronto tra terzisti e lanifici la nostra società propose all'Unione Industriale Pratese un progetto attraverso il quale mettere a confronto il lanificio con i suoi terzisti abituali e cercare una razionalizzazione della relazione.

Parteciparono sei imprese con una quindicina di terzisti e durante numerosi colloqui, coordinati dalla mia società di consulenza, si progettarono aggiustamenti e razionalizzazioni a vantaggio reciproco.

Il risultato fu molto positivo ed apprezzato dai partecipanti, ma non venne diffuso e quindi rimase un episodio isolato

4.7 POLITICA INDUSTRIALE NEL DISTRETTO DELLA MAGLIERIA DI PRATO E PISTOIA (APRILE 1998)

Un progetto di animazione imprenditoriale per stimolare il riposizionamento strategico del distretto e la nascita di aggregazioni tra imprese, promosso dalle CCIAA di Prato e di Pistoia

Un'analisi preventiva effettuata dall'ufficio studi della mia società di consulenza mise in evidenza una estrema debolezza delle imprese del distretto della maglieria Prato/Pistoia: piccole imprese, sottocapitalizzate, con imprenditori spesso anziani e d'impostazione tradizionale, impianti obsoleti, organizzazioni commerciali deboli. (vedi quadro riassuntivo)

La CCIAA di Prato, presieduta da Silvano Gori, su nostro progetto, stimolò il coinvolgimento della CCIAA di Pistoia affinché un intervento comprendesse l'intero distretto, che risultava a cavallo tra le provincie di Prato e Pistoia.
di seguito un estratto della proposta d'intervento.

Il progetto iniziò con il coinvolgimento delle imprese locali e delle organizzazioni che assistevano per progetti e obiettivi diversi il distretto.

Il contesto progettuale:

Le Camere di Commercio e le Associazioni di categoria hanno organizzato una serie di incontri che hanno consentito in questi ultimi mesi di inquadrare la situazione e di formulare alcune ipotesi di intervento.
Le osservazioni principali sulla situazione delle imprese del distretto che risultano da un documento conclusivo sono state le seguenti
"...imprese di piccola dimensione

"...imprenditori con scarsa formazione imprenditoriale e professionale
"...disabitudine ai contatti diretti con i clienti
"...mancanza di economie di scala anche dopo le dimensioni tendono a salire
"... poca confidenza con i nuovi strumenti informatici e soprattutto telematici
È stato costituito un **Gruppo Operativo Maglieria** con il compito di concretizzare le ipotesi formulate pur avendo già definita alcune iniziative operative il gruppo ha sentito l'esigenza di individuare delle priorità nonché un percorso organico e coerente per un'attività di medio lungo periodo le camere di commercio di Prato e Pistoia
Si è ritenuto necessario quindi assegnare un incarico di assistenza a una società di consulenza che partendo dall'indicazione del documento programmatico individui le priorità nonché gli strumenti per il raggiungimento degli obiettivi fissati

La situazione
nei quadri che seguono la sintesi della situazione registrata e i principali progetti d'intervento suggeriti da Mix Consulting Network.

La struttura delle imprese del distretto " maglieria" Prato/Pistoia ●

La struttura delle imprese della Maglieria nell'area Prato/Pistoia		Quante sono (da ricerca IRIS)	Le caratteristiche (da ricerche FIL e IRIS)	Note
Imprese terziste (Circa 1200 con 4000 addetti)	Terzista debole	800	> Fino a 3 addetti (67% delle imprese) > 77% titolare con occupazione precedente operaio e assimilati. > Fattura meno di 100 milioni (50% delle imprese) > Sensibile alla crisi - 9% (67% delle imprese)	Risente meno degli altri della crisi, poiché probabilmente gioca sul ribasso!
	Terzista potenzialmente competitivo	300	> 4 - 9 addetti (27% delle imprese) > 77% titolari con occupazione precedente operaio o assimilati. > Fattura da 100 a 500 milioni (40% delle imprese) > Molto sensibile alla crisi - 12% (27% delle imprese)	
	Terzista strutturato	100	> Oltre 9 addetti (6% delle imprese) > Fattura oltre 500 milioni (10% delle imprese) > 77% titolare con occupazione precedente operaio e assimilati. > Molto sensibile alla crisi - 16% (6% delle imprese)	Il più strutturato, risente della concorrenza dei più piccoli.
"Maglifici" (Circa 300 con 3300 addetti)	Maglificio debole	200	> Fino a 9 addetti (69% delle imprese) > 53% titolare con occupazione precedente operaio e assimilati. > Fattura meno di 2,5 miliardi (63% delle imprese) > Molto sensibile alla crisi - 3/16% (69% delle imprese)	Solo i piccolissimi risentono meno della concorrenza (- 3%), forse perché fanno concorrenza di prezzo.
	Maglificio potenzialmente competitivo	60	> Da 10 a 19 addetti (18% delle imprese) > 53% titolare con occupazione precedente operaio e assimilati. > Fattura da 2,5 a 5 miliardi (16% delle imprese) > Sensibile alla crisi - 4% (18% delle imprese)	
	Maglificio strutturato	40	> Oltre 20 addetti (13% delle imprese) > Fattura oltre 5 miliardi (22% delle imprese) > NON sensibile alla crisi + 2/4% (13% delle imprese)	La dimensione e la competitività complessive maggiore (utilizzo, flessibilità programmata, qualità) lo difende dalla crisi.

Progetto Maglieria - CCIA Prato/Pistoia '98

Il mercato "maglieria esterna"

Fattori di successo del mercato
> Contenuto moda (nella GDO = attualità)
> Servizio: codesign, flessibilità sulla dimensione dei lotti, riassortimenti, collezioni infrastagionali, puntualità consegne, consegne complete.
> Qualità complessiva del prodotto

Distribuzione: cambiamenti in atto
> Riduzione drastica del dettaglio indipendente : prodotti marchi forti e di media notorietà.
per far posto a:
> Catene Franchising, prodotti con marchi forti
> Grandi catene specializzate: prodotti private label e marchi medi

> GDO, grande distribuzione organizzata
  * Grandi superfici: prodotti con private label e/o senza nome
  * Catene succursaliste:prodotti conprivate label e/o senza nome
  * IPER mercati, prodotti conprivate label e/o senza nome
> Forti concentrazioni delle insegne della GDO.
> Forte aumento dell'importazione dai paesi extra-europei
> Rapporti tra industria e distribuzione profondamente cambiati

Competitori
> Veneto: i grandi marchi con distribuzione internazionale propria
> Emilia: i marchi medi nel dettaglio indipendente, con produttori più dimensionati,più orientati al servizio,qualità più alta, forti anche nelle catene specializzate e pronti per la GDO più qualificata
> Paesi emergenti: GDO con il prezzo basso, ma basso servizio

L'offerta del distretto PO/PT

Coerenze/Incoerenze delle imprese terminali del distretto
> Scarsa competenza delle imprese alla progettazione stilistica ed allo sviluppo congiunto con il clientedella collezione.
Fattore considerato secondario rispetto al prezzo, alla velocità di consegna, all'adattabilità alle richieste del cliente (Ricerca FIL)
> Scarsa propensione alle collezioni infrastagionali (rappresentano solo il 3% del fatturato)
> Scarsa propensione ai riassortimenti (solo il 4% del fatturato)
> Qualità: considerata fattore secondario rispetto al prezzo

> Dimensione limitatissima, inadatta alla nuova distribuzione.
> La GDO rappresenta già il 42% delle vendite del distretto, ma con un prodotto per l'80% di categoria bassa, medio-bassa e media, in crescentecompetizione con i paesi a basso costo della manodopera.
> Rapporti prevalentemente indiretti con il cliente (Buyers e Agenti) ed in posizione di debolezza: vale solo il prezzo più basso.

> Cultura industriale di basso profilo, inadatta a rispondere alle nuove esigenze di relazione con i grandi clienti
> Posizione debole in termini organizzativi (relazione con i grandi clienti)
> Nessuna possibilità di vincere la competizione di prezzo!

Interventi di politica industriale: i progetti in sintesi

La situazione di partenza	Le azioni di politica industriale	Progetti e strumenti	Il risultato finale atteso
Frazionamento degli interventi istituzionali da parte di Enti pubblici o pubblico/privati, Associazioni imprenditoriali, Consorzi, che creano disorientamento e scarsa efficacia, nonostante la validità della maggior parte delle iniziative singole.	Garantire nel distretto un coordinamento strategico delle iniziative, finalizzandole al miglioramento ed al supporto delle realtà attuali, evitando non solo grandi progetti, ma anche tentativi di sostituzione delle capacità imprenditoriali.	Costituzione di un Consorzio di secondo livello, pubblico/privato, con il ruolo di coordinamento della politica industriale nel distretto della maglieria Prato/Pistoia (*Progetto n°1*)	Coordinamento strategico delle azioni e risultati monitorati
Frazionamento delle imprese produttrici, sia terziste che terminali, che hanno una dimensione troppo piccola per essere competitive in termini di servizio e di qualità complessiva.	Stimolare la crescita dimensionale delle imprese attraverso la coacentrazione, o meglio l'accorpamento.	Progetti d'aggregazione d'impresa che coinvolgano le imprese più dinamiche e gestite da giovani. (*Progetto n°2*)	Meno imprese, di dimensione maggiore e più competitive
Basso profilo imprenditoriale delle imprese, incoerenti con il sistema competitivo attuale: perdita di competitività complessiva (non solo prezzo)	Stimolare l'uscita soffice delle imprese marginali, senza speranze di sopravvivenza.	Accordi d'area per promuovere progetti di riconversione professionale (*Progetto n°3*)	Profilo complessivo più alto delle imprese che restano
	Promuovere la cultura imprenditoriale del distretto.	Interventi di formazione/consulenza Progetto FIL (*Progetto n°4*)	
Rapporto di dipendenza delle imprese dalla distribuzione, che viene mantenuta solo con prezzi bassi e flessibilità subita	Supportare le imprese più strutturate ad assumere vantaggi competitivi coerenti con le attese: come ad es. certificazione qualità	Progetto di certificazione ISO con l'obiettivo prevalente di aumentare la sensibilità alla conformità, più che al certificato. (*Progetto n°5*)	Più elevata qualità della produzione dell'area.
Basso profilo dell'immagine complessiva della maglieria del distretto, che squalifica il livello della produzione anche di qualità.	Rivalutare l'immagine del distretto della Maglieria, agganciandolo ai successi delle imprese guida, alle manifestazioni di prestigio, ecc.	Promuovere un progetto di promozione dell'immagine costante nel tempo ma a piccoli passi, evitando grandi progetti (*Progetto n°6*)	Immagine più qualificata del distretto

Progetto Maglieria - CCIA Prato/Pistoia 98

Le linee strategiche proposte

L'intervento di politica industriale che noi auspicammo era basato su sei progetti

Progetto n°1: costruiamo subito un organismo pubblico privato che garantisca un disegno strategico unitario e promuova delle azioni coordinate e monitorate

se si vuole intervenire su distretti in modo concreto e con risultati visibili e stabili bisogna lavorare in profondità sugli uomini più che su di setto in generale saranno necessari i tempi lunghi miglioramento continuo a piccoli passi coerenza di obiettivi continuità d'azione e forse in campo esistono sono preparate e motivate verso un obiettivo abbastanza condiviso è però necessario garantire unitarietà e continuità d'azione con un organismo riconosciuto dalle istituzioni e dagli imprenditori regione province comuni Camera di Commercio per il pubblico associazioni imprenditoriali e consorzi di servizio istituti di ricerca e società pubblico private debbono delegare un ruolo guida a una società consortile aperta che si occupi solo del **grande progetto di rilancio del distretto della maglieria Prato Pistoia**

Il consorzio sarà costituito con tutte le componenti pubbliche o private attive sul territorio e la sua attività verrà finanziata con fondi reperibili da fonti pubbliche e private fondi strutturali della comunità europea fondi della regione Province e Comuni banche ed altre istituzioni private.

Progetti numero 2 3 e 4: salviamo subito le imprese più promettenti preparandole alle sfide future del mercato e facilitiamo l'uscita delle imprese marginali

tra le capacità richieste dal nuovo sistema competitivo non solo per avere successo ma anche solo per sopravvivere è importantissima una profonda cultura industriale moderna che fatta non solo di intuizione di competenze tecniche ma anche di capacità di percezione dei rapidi cambiamenti dello scenario competitivo esterno il sistema distrettuale chiuso nel quale le imprese si autoalimentano all'interno del distretto limitandosi e permettendo a tutte anche se piccolissime di sopravvivere non funziona più il nuovo imprenditore estremamente mobile attento a cosa succede nel mondo capace di intuire con tempestività i segnali deboli degli orientamenti che avranno successo e capace soprattutto di occupare una posizione autonoma nel mercato per questo non possiamo contare sull'evoluzione di tutte le imprese del distretto il primo intervento sarà quello di agire sull'intero tessuto di imprese con tre progetti contemporanei e inscindibili

Progetto n°2: accorpamento d'imprese
Stimolare accorpamenti fra operatori del distretto per permettere il raggiungimento di dimensioni competitive ad un numero più alto possibile di imprese azioni di mobilitazione imprenditoriale per ottenere aggregazioni funzionali sia tra imprese terminali maglifici che terzisti
Dalla profonda esperienza in quest'area riteniamo di poter garantire un risultato di un intervento specifico sulle imprese del distretto da definire i dettagli nel caso che il nostro progetto complessivo venisse approvato.

Progetto n°3 Uscita soffice dal settore e riconversione delle risorse
Le imprese di piccolissima dimensione e di basso profilo imprenditoriale, soprattutto nel comparto dei maglifici, non hanno molte alternative di sopravvivenza il rischio che corrono è quello di essere malamente spinte fuori con conseguenze sociali non auspicabili il progetto si ripropone di evitare gli imprenditori delle imprese più deboli con un intervento specifico e con ammortizzatori sociali definiti ad hoc a chiudere la propria attività in difficoltà, a limitare le perdite dovute alla chiusura, anche con incentivi pubblici a riconvertire e valorizzare le professionalità potenziali verso attività non imprenditoriali In definitiva aiutarli a uscire dalla porta prima di essere spinti fuori dalla finestra

Questa attività potrebbe essere inserita nel progetto FIL già citato integrato da un nostro intervento nella mobilitazione motivazione degli imprenditori una delle principali competenze della vostra società

Progetto n°4 promozione della cultura imprenditoriale
Far emergere con azioni di orientamento e di stimolo le imprese potenzialmente più promettenti aiutandoli a prepararsi alla sfida del nuovo posizionamento azione sugli imprenditori attraverso un progetto di mobilitazione e formazione barra consulenza il progetto FIL ci sembra perfettamente coerente con questo obiettivo a condizione venga orientato a un disegno strategico concordato

Progetto n°5 Verso la conformità ISO 9000 delle imprese del distretto
Promuovere il miglioramento dell'intero processo di produzione per raggiungere un livello di qualità del processo e del prodotto coerente con la nuova domanda del mercato progetto di diffusione della conformità delle imprese alla ISO 9000 certificando le migliori e preparando le altre per il futuro obiettivo più che il certificato la sensibilità alla soddisfazione del cliente
Questo progetto potrebbe essere realizzato dalle strutture già operanti nella preparazione alla certificazione nelle tre associazioni imprenditoriali con un progetto integrato e in coerenza con il disegno strategico complessivo

Progetto n°6 una campagna di promozione dell'immagine del distretto maglieria
Le opportunità minacce relative all'immagine del distretto della maglieria Prato Pistoia sono le seguenti
* il posizionamento della maggior parte della produzione del distretto è marginale e fondamentalmente di livello che va dal basso al medio basso al massimo fino al medio l'immagine sedimentata e conseguente

- la sovrapposizione con il distretto tessile di Prato trasferisce all'area maglieria a tutti connotati positivi ma anche quelli negativi del distretto stesso l'unione industriali è in corso da alcuni anni un'intensa attività di promozione di immagini di Prato che va considerata per un'integrazione con le azioni sul distretto della maglieria ù
- In Toscana hanno sedi importanti manifestazioni che mobilitano molti addetti ai lavori distributori compratori stilisti giornalisti eccetera possono essere sfruttate per migliorare l'immagine di distretto della maglieria
- nel distretto hanno sede le imprese di grande prestigio internazionale nell'ambito della maglieria e dintorni
  - o filati Linea più e Filpucci
  - o Annapurna Annabel tricot ecc.
  lavorare nella scia di queste Marche di altre potrebbe aiutare il distretto a far sedimentare un'immagine positiva

per modificare l'immagine sedimentata negli anni nei target che interessano il distretto maglieria saranno necessari tempi lunghi, azioni coordinate, continue di ritmo crescente con l'evoluzione qualitativa del distretto, si prevede quindi un progetto almeno triennale di comunicazione integrata di più mezzi che parte crescendo, ma a piccoli passi promuovendo connotazioni credibili e non create artificialmente

Un'indagine propedeutica sull'immagine distretto nei target strategici è indispensabile, prima di progettare l'attività di comunicazione

La nostra società può coordinare a ricerca da affidare a un istituto specializzato e può successivamente redigere un brief per l'agenzia di comunicazione a cui affidare la campagna.

Un epilogo "sine comment"
La CCIAA di Pistoia, nella persona del presidente pro-tempore prese una decisione immotivata di ritirarsi dal progetto e quindi NULLA DI FATTO!
Ancora una volta la politica ha colpito con effetti devastanti!

4.8   LA VIA DEL FIUME (1999)
Progetto d'intervento per il rilancio turistico della Valle del Bisenzio
Provincia di Prato, Assessorato al Turismo

Concluso molto positivamente il progetto Qualità, promosso dall'Assessorato al Turismo della provincia di Prato e portato a termine negli anni 97/98, si sono fissati gli obiettivi dell'attuazione di nuove iniziative derivate dal lavoro sul territorio e **"Prato dell'accoglienza"** ed è il titolo cappello assegnato a quattro interventi, uno già realizzato, che è la Strada Medicea dei Vini di Carmignano e il secondo più importante è **"La via del fiume"** appunto. questo progetto basato sullo sviluppo delle potenzialità turistiche della Val di Bisenzio e delle aree circostanti con risorse ambientali veramente significative.

L'area presa in considerazione comprende i territori di tutti i comuni che fanno parte della comunità montana della Val di Bisenzio e cioè Vaiano, Vernio, Cantagallo, Montemurlo e potrebbe estendersi al Comune di Prato per comprendere l'area del Parco di Galceti
È un territorio in cui si concentrano notevoli risorse, ma che vive all'ombra delle aree di interesse industriale di Prato e turistico di Firenze, talmente note, che gli impediscono la conquista di una posizione autonoma

L'ambiente è la risorsa di più alto valore: i due complessi forestali di Acquerino-Luogomano e della Calvana con le foreste di quercia, castagno e faggio, rappresentano una notevole valore botanico a cui si aggiungono le foreste di latifoglie di Montepiano dei faggi di Javello dell'Alpe di Cavarzano e Migliana, con i castagneti da frutto, il Monferrato un complesso collinare che sta per diventare area protetta noto per le cave di serpentino, il marmo verde di Prato

In un lavoro proposto dalla Comunità Montana il territorio
è stato analizzato puntualmente ripartito in 12 zone omogenee,
con più di 500 schede specifiche.
Sono inoltre attivi un Laboratorio Ambientale a Cave, il museo
laboratorio di Terrigoli, il museo della Badia a Vaiano e sono in
corso di realizzazione di ristrutturazione sentieri, piste ciclabili
ed altre strutture che renderanno più fruibili l'emergenza
ambientale

Il territorio del parco nonostante tutto è visitato da un numero
crescente di ambientalisti e di scuole il problema chiave della
scarsa disponibilità di ricettività adeguata alla tipologia di turista
potenziale, che richiede un livello medio alberghi - una a due
stelle - buone pensioni, agriturismo con un buon rapporto qualità
prezzo

I segni della storia su tutto il territorio sono numerosi gli
insediamenti etruschi e romani, nonché medievali
In epoca moderna poi la valle del Bisenzio fu destinazione di
villeggiatura estiva per le famiglie nobili che vi costruirono ville
di notevole bellezza e poi Montepiano, la stazione climatica un
ambiente con caratteristiche alpine prati pascoli e abetaie, veniva
chiamata la piccola Svizzera.
Anche la presenza di pascoli di bovini a favorito fino alla fine
dell'Ottocento la scelta di questa località per trascorrere le
vacanze estive oggi anche se mantiene intatte le caratteristiche
ambientali ha perso molto della sua attività mantenendo la
clientela di anziani e qualche ritiro di squadra di calcio

Questa riduzione di affluenza non ha provocato un
aggiornamento della ricettività in una ricerca di nuovi turisti, ma
al contrario un ripiegamento dell'imprenditoria.
Lo scenario per il futuro e quindi abbastanza critico si contano
più disinvestimenti che investimenti; l'agricoltura e la silvicoltura
in particolare due prodotti interesse rinnovato in una fase di

rivalutazione dei prodotti tipici locali l'olio d'oliva e la castagna mentre

L'olio è stato oggetto in questi ultimi anni di rivitalizzazione attraverso reimpianti e creazione di un frantoio nella valle

La castagna avrebbe bisogno di maggiori stimoli per consentire la completa rivalutazione della coltivazione e dello sfruttamento dei prodotti derivati

La gastronomia agricola montana la valle del Bisenzio ha un patrimonio interessantissimo di specialità gastronomiche, tutte derivanti dalla natura del territorio, prevalentemente collinare montano dalle produzioni agricole e dalla pastorizia Quindi i piatti poveri, ma non sempre, a base di olio, castagne funghi, erbe selvatiche del bosco e patate di montagna

Il rapporto fra agricoltura e industria: l'archeologia industriale è nel medioevo che iniziano gli insediamenti industriali che sfruttano le acque del Bisenzio come energia idraulica mulini e gualchiere prima e poi le fonderie di rame.
Le cartiere, due splendidi recuperi sono la testimonianza di questa realtà, il mulino Meucci e la Cartiera

Le strutture rurali in abbandono la valle ha subito uno spopolamento crescente vista la bassa redditività soprattutto nella castanicoltura e della pastorizia e quindi si sono resi disponibili molti casali che, ristrutturati, potrebbero costituire una buona integrazione di reddito per le famiglie contadine rimaste: una ricettività, tra l'altro, molto richiesta in questi ultimi anni

Quali sono i punti di forza dell'area
- le risorse ambientali alle quali è interessato un numero crescente di studiosi e ambientalisti e gruppi scolastici,
- la disponibilità crescente di strutture che facilitano la fruizione dell'ambiente,

- La particolare orografia della montagna di bassa quota all'alpeggio (a 800 m sul livello del mare) adatta agli anziani, agli sportivi
- la tradizione enogastronomica che valorizza olio d'oliva e castagne

Ma quali sono i punti di debolezza dell'area?
- una ricettività limitata in tutta la valle e quella esistente e di diverso ormai di livello ormai obsoleto
- L'area di Montepiano poco integrata con il resto del territorio per il quale potrebbe svolgere un ruolo di centro ricettivo
- una viabilità critica l'inadeguatezza della S 325 alle concentrazioni di traffico dovute all'insediamento industriale sembra comunque stia partendo il progetto di adeguamento
- una mancanza di coordinamento della promozione della valle con l'intera area ufficiale

Quali sono gli obiettivi del progetto
innanzitutto, costituire un'identità autonoma della via del fiume forte e comunicabile oggi nonostante gli sforzi profusi con progetti interessanti portati a termine dalla Comunità Montana, l'area non è ancora percepita come un unicum con una identità forte un'immagine connotata dai valori chiave. La connotazione principale dovrà essere quella naturalistica in chiave attuale da raggiungere attraverso un'offerta di ecoturismo sostenibile e certificato

Definire il target turisti su cui puntare la fruizione della via del fiume dovrà essere promossa su tre bacini:
- **locale** una gita nel verde da aprile a ottobre per gli abitanti di Prato e Firenze
- **regionale** e **interregionale** fruizione moderna dell'ambiente collinare montano estero una esperienza ambientale ad un passo da Prato città contemporanea e da Firenze città dalle infinite emergenze storico artistiche

98

I target principali saranno i seguenti

- famiglie con bambini residenti in particolare a Prato ma anche a Firenze ed altre città vicine
- ambientalisti professionali ed appassionati a livello nazionale e internazionale
- operatori in vista in visita professionale a Prato per una pausa rigenerante
- gruppi scolastici a livello nazionale per visite di istruzione nel quale abbinare arte Firenze e Prato e natura
- squadre sportive professionistiche a livello nazionale
- anziani per il periodo centrale dell'estate nazionale e internazionale

Promuovere lo sviluppo e l'adeguamento della ricettività in particolare a Montepiano si dovranno incentivare gli adeguamenti della ricettività al turista obiettivo. In generale si tratterà di una ricettività di buon livello ma a un prezzo medio: alberghi uno a due stelle, pensioni, case vacanze agriturismo, camping attrezzati, aree servizi per il turismo plain-air.

Promuovere lo sviluppo di servizi innovativi per la fruizione del territorio e delle sue specificità

- creazione di un centro di accoglienza e informazione ambientale uso dei prodotti multimediali già progettati all'inizio della valle
- servizi guide naturalistiche
- seminari di informazione e formazione per gli operatori turistici
- seminari per le raccolte e la conservazione delle erbe e dei prodotti del bosco
- seminari di cucina locale naturalistica
- promuovere l'apertura di negozi per la vendita esclusivamente di specialità locali

- promuovere la nascita o una riconversione di ristoranti con una strategia di diffusione di specialità naturale locali anche legate alla stagione
- promuovere e sviluppare e sostenere tutte le manifestazioni canali locali che abbiano come obiettivo la rivalutazione delle specificità del territorio

La strategia di breve-medio periodo per raggiungere gli obiettivi indicati saranno necessari i seguenti interventi
- censimento delle strutture ricettive di ristorazione
- censimento delle opportunità e delle strutture di servizio al turismo
- progetto integrato la "via del fiume"
- progetto di riconversione e rilancio di Montepiano
- la qualificazione delle offerte di ecoturismo sostenibile e certificato

I progetti attuativi
Progetto integrato "La via del Fiume"

Per costituire un'identità unitaria e forza dell'area vanno attivate le seguenti fasi
- definire un piano integrato con l'ipotesi base di sviluppo (Mix Consulting network)
- lanciare l'ipotesi di un in un convegno aperto a tutti gli abitanti sul rilancio della via del fiume
- creare un gruppo di progetto misto pubblico privato, assistito da tecnici per svilupparne di attività ed avviare le iniziative per la condivisione degli obiettivi e delle linee guida
- mobilitare gli operatori locali per lo sviluppo del numero e di miglioramento dei servizi complementari e di base incentivandolo le iniziative con supporti finanziari specifici
- concentrare tutti gli investimenti destinati all'attività turistiche verso la realizzazione del progetto senza dispersioni

- stabilire priorità che mettano in primo piano il miglioramento della fruizione della valle come, ad esempio, la ristrutturazione della strada statale 325

Il piano integrato consentirà di avviare un progetto specifico di notevole importanza per la valle

Progetto di riconversione e rilancio di Montepiano

Per arrestare il declino inesorabile di questa località rilanciarla puntando sulle caratteristiche ambientali specifiche è necessario lanciare un progetto specifico da realizzare attraverso le seguenti fasi

- definire un avant-project (Mix Consulting Network) con le caratteristiche strategiche di rilancio e i contenuti importanti
- costituire un gruppo di progetto misto pubblico privato affiancato da tecnici per la progettazione esecutiva della riconversione della stazione climatica prevedendo interventi sull'istruzione pubbliche e private in valutandolo i tempi di realizzazione e costi
- inserire il progetto nell'ambito interventi regionali provinciali e comunali usufruendo delle provvidenze previste dai finanziamenti comunitari (Leader due obiettivo due e 5 B agenda 2000)
- mobilitare l'imprenditoria locale stimolando soprattutto i giovani figli delle famiglie proprietarie delle strutture ricettive attuali a partecipare al rilancio della loro stazione climatica
- contemporaneamente stimolare investimenti provenienti da fuori zona in particolare per la realizzazione di centri specializzati (esempio centro allenamento sportivo, centro benessere, case per anziani ecc.)

Offerta di ecoturismo sostenibile e certificato

Secondo le norme ISO 14.000 EMAS le località in particolare quelle con particolare valore naturalistico, possono richiedere la certificazione ambientale.

Il progetto può essere sviluppato nelle fasi seguenti: attività di sensibilizzazione, attività di partenariato, avvio del processo di certificazione.

Di seguito riportiamo alcuni esempi di fattori da mantenere sotto controllo per ottenere la certificazione: i criteri sono già adottati dalla TUI uno dei più importanti tour operator internazionali che organizza vacanze per oltre sette milioni di tedeschi Per scegliere località vengono valutati: la qualità dell'acqua e il risparmio dell'acqua, lo smaltimento e riutilizzo dell'acqua, lo smaltimento e la diminuzione dei rifiuti, il risparmio energetico, il traffico, l'aria, il rumore, il rispetto della natura, della fauna della flora, l'informazione sull'offerta ambientale, le politiche ambientali e le attività.

Creazione dell'offerta commerciale

È una fase fondamentale per trasformare le opportunità in crescita economica dell'area e per consentire il ritorno degli investimenti attraverso l'attivazione di una domanda qualificata le fasi di intervento sono la creazione di un'immagine coerente e credibile e di forte appeal la costruzione di pacchetti specifici per ogni target

NOTA dell'A:
Il progetto, approvato la linea di principio dalla Provincia, non vide l'attuazione per un mancato coinvolgimento delle diverse autorità locali (Comunità Montana, Comuni, ecc.)
Da allora sono passati oltre vent'anni e nessun progetto ha preso il via per la VERA valorizzazione della Val di Bisenzio

4.9 PROGETTO PRATO/BRINDISI (2001)

con l'obiettivo di delocalizzare invece che all'estero, nel nostro paese, attraverso accordi con amministrazioni pubbliche del sud

Era un periodo in cui si dibatteva sulla opportunità di delocalizzare la produzione in paesi a più basso costo della manodopera e una corrente di pensiero osteggiava questa tendenza a trasferire competenze tecniche e tecnologiche in paesi stranieri.

Nel frattempo, nelle regioni del sud Italia le amministrazioni locali stimolavano l'invito a investire in aree specifiche, attrezzate con infrastrutture avanzate, garantendo strade, forniture di acqua e altri servizi, nonché la cessione di questi terreni infrastrutturati a prezzi molto bassi.

L'ufficio di Bari della mia società di consulenza ebbe una segnalazione dall'amministrazione comunale di Brindisi, sulla disponibilità di una zona industriale urbanizzata, con tutte le infrastrutture indispensabili ad ospitare industrie tessili e complementari.

La presidenza della CCIAA di Prato promosse un progetto di fattibilità denominato Prato-Brindisi che doveva basarsi sulla stipulazione di un "contratto di programma" fra le amministrazioni locali ed iniziarono le ricerche a Prato di imprese disponibili a delocalizzare a Brindisi.

Ebbe inizio un processo di sensibilizzazione ed animazione imprenditoriale, al quale la mia società ormai si era specializzata con numerosissimi interventi.

L'iniziativa ebbe un certo successo e una ventina d'imprese furono disponibili a valutare il progetto con un'analisi di fattibilità che la CCIAA finanziò, affidando l'incarico alla mia società.

Si formò un gruppo di progetto con la partecipazione degli imprenditori, che iniziò la sua attività effettuando prima di tutto un sopralluogo in Puglia e Basilicata: un'opzione Brindisi ed una Matera.

Gli incontri propedeutici con l'amministrazione pubblica di Brindisi giunsero fino alla redazione di una bozza di protocollo di accordo, da attuare con lo strumento allora disponibile, cioè "Un accordo di programma".

NOTA dell'A
Conclusione?
Un "ribaltone" coinvolse l'amministrazione pubblica di Brindisi, la giunta saltò e la nuova giunta decise di non realizzare il progetto.
Abituati all'incertezza delle trattative con la PA non fu una sorpresa: due iniziative saltate per l'inaffidabilità della politica: il Progetto Maglieria Prato-Pistoia e Prato-Brindisi.

4.10 LE RETI DELLA MODA,

un progetto per la realizzazione di filiere tessile/abbigliamento sperimentali nel distretto, promosso da Confartigianato/CNA e finanziato dalla CCIAA Prato (2002/2004)

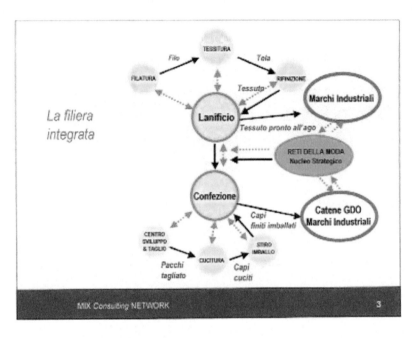

Il progetto fu messo a gara fra le imprese del terziario innovativo e Mix Consulting Network se lo aggiudicò.

Fu attuato il piano di diffusione dell'idea di progetto e dopo alcuni mesi le imprese che dettero la loro adesione furono 23, ma purtroppo nessun Lanificio(sic!)

(NOTA dell'A)
Il progetto senza lanifici non poteva funzionare, per questa ragione il progetto fu abbandonato
Altro segno di "myopia" strategica dell'imprenditoria locale

4.11 IL GENIUS LOCI DI PRATO: VALORIZZARE LE CONOSCENZE CONSOLIDATE PER AGGIORNARE IL MODELLO D'IMPRESA

Seminario dell'Unione Industriale Pratese
Giampaolo Pacini, Mix Consulting Network (07/2008)

Il rilancio delle imprese tessili pratesi passa dalla volontà degli imprenditori di rimettere in discussione i modelli tradizionali che devono adeguarsi al mutato scenario competitivo Questo ciclo di incontri è dedicato all'analisi di alcune opzioni strategiche per mantenere e sviluppare le imprese. **Genius loci di Prato** tre incontri per affrontare e discutere i seguenti temi:

Dalla centralità del campionario alla centralità del cliente

un'affermazione che stravolge il pensiero e le azioni dell'impresa focalizzandole non su un cliente generico, ma sul cliente obiettivo, alle sue specifiche attese.

I concetti chiave:

- segmentare mercato e scegliere
- monitorare a fondo i mercati scelti
- conoscere i clienti potenziali
- conoscere i competitori
- Una strategia di differenziazione (non solo fashion)
- progettazione focalizzata
- coerenza competenze/domanda

Una revisione dell'organizzazione di vendita

la figura del commerciale che da venditore puro passa un ruolo più orientato alla soddisfazione di una specifica categoria di clienti quelli strategici per l'impresa.
Il commerciale attuale:

- Spesso euro i titolari dell'impresa quindi non a tempo pieno
- nella maggior parte dei casi è un impiegato che sa l'inglese
- molti commerciali vengono apprezzati in base all'introduzione presso certi clienti o in certi paesi
- i suoi strumenti sono le fiere e il campionario
- il cliente chiunque dimostri qualche intenzione d'acquisto

perché non è più attuale:

Non ha una strategia anche perché molte volte l'impresa non averla

- **È amico di...** ma non conosce il cliente in profondità
- **T**ende a vendere subito abbandonando il cliente fino alla stagione dopo
- non ha una visione strategica del tessile abbigliamento i
- il suo successo è fortemente influenzato dal successo del campionario, da livello dei prezzi e dall'Agente locale
- sensibile al prezzo poco al margine
- in termini di conoscenza in genere porta a casa solo problemi, per esempio, le debolezze delle imprese (prezzi alti, manca questo, manca quello)

In abbandono il concetto stretto di stagione l'evoluzione della domanda spinge le imprese a adottare una strategia di proposta di nuovi prodotti svincolata dalle stagioni ma spalmata su tutto l'anno con un drastico accorciamento dei tempi di consegna.

Come gestire "l'anno continuo":

- Progettazione di stagioni con un numero di articoli limitato e focalizzato
- prototipi e precollezione ai clienti guida
- presentazione campionario in una manifestazione fieristica
- campionatura e vendita
- produzione precollezione per la stagione lunga
- campionari stagione lunga
- presentazione campionario alla manifestazione della stagione opposta successiva

- vendita stagione lunga

Dall'impresa vuota all'impresa integrata anche se virtualmente, con il ciclo produttivo. Il cambiamento della domanda e l'offerta dei paesi emergenti rendono necessaria una nuova verticalizzazione anche virtuale del ciclo produttivo anche se virtuale del ciclo produttivo questa situazione implica una nuova politica di integrazione con terzisti e i fornitori di materie prime

Le origini del problema:

- Il decentramento produttivo iniziato negli anni 50 è stato uno dei fattori di successo distretto di
- purtroppo, dalla fabbrica integrata siamo passati alla fabbrica disintegrata
- il controllo di processo sull'intera filiera è stato abdicato dalla Lanificio, sostituito da un rapporto essenzialmente conflittuale tra le varie fasi del ciclo produttivo
- lo sviluppo tecnologico scaricato sui terzisti è stato frenato dalla loro lontananza dal mercato e la sottocapitalizzazione

Le conseguenze:

- Il Lanificio ha abbandonato la tensione sugli investimenti tecnologici abdicando il ruolo ai terzisti che però non avendo una visione sull'evoluzione del mercato sono prudenti e in ritardo
- il parco tecnologico non è aggiornato a sufficienza per consentire una competitività internazionale dall'economia di scala alle economie di scopo
- Il Lanificio ha trascurato il presidio del processo perdendo competenza e stimoli alla ricerca
- ha focalizzato tutta l'attenzione sul prodotto che oggi non è più sufficiente
- il mancato controllo di processo impedisce oggi la sincronia tra frasi per abbattere i tempi di risposta
- ha prodotto distorsioni inaccettabili come la presenza in rifinizione di acceleratori di processo di imprese concorrenti bassa riservatezza e risultati discutibili

- impedisce un corretto controllo di qualità che viene effettuato alla fine del processo in rifinizione, presso i centri di controllo o addirittura sul piano di taglio del cliente
- costi incalcolabili rallentamento del ciclo e perdita di credibilità del distretto

Gli interventi chiave:

- Riappropriazione del controllo di processo da parte del lanificio cioè leadership di filiera e non dipendenza
- modifica radicale del rapporto con i terzisti passando dalla conflittualità all'integrazione riconoscendo che gli interessi sono comuni lo sviluppo attivo ed evolutivo del terzismo è la garanzia per la sopravvivenza del distretto (perché è così difficile capirlo?)
- l'applicazione delle nuove tecnologie ITC nei rapporti tra fasi è improrogabile la ricerca va incrementata non solo sull'estetica del prodotto, ma integrando tutte le conoscenze locali.

L'abbandono del rigido metodo del divisore

definire il prezzo in rapporto al costo e non al mercato non garantisce la competitività che oggi è indispensabile occorre adottare nuovi metodi che tendano a definire il prezzo più coerente, massimizzando il margine.

Il modello attuale:

- Un numero molto alto di articoli e varianti oltre 202 150 fino a 500
- i prezzi si fanno all'ultimo momento prima di andare in fiera non è possibile ragionare lì visto che manca il tempo
- risulta semplice applicare la formuletta del divisore per avere un prezzo con un margine sicuro partendo dai costi
- il problema è quale prezzo mi riconoscerà il mercato e che margini otterrò?

Prezzo definito/prezzo riconosciuto il prezzo riconosciuto dal cliente non è quasi mai coerente con i costi ma è determinato da altri fattori

- il cliente giudica in base all'originalità del tessuto, le caratteristiche tecniche, l'uso a cui pensa di destinarlo (posizionamento del capo ed esigenze prestazionali)
- i tempi di consegna le garanzie offerte dalle imprese
- è possibile valutare il prezzo riconosciuto?
- è possibile valutarlo orientativamente: un'impresa che conosce il mercato e il cliente obiettivo ha la capacità di valutare il prezzo di mercato purtroppo questo metodo richiede una valutazione articolo per articolo, condiviso da più persone, quindi ...tempo che si dice in un ci sia
- questo metodo permette di definire prezzi più calibrati sul valore percepito che sul costo

4.12 "SAPER FARE"&"SAPERE", SOCI IN AFFARI

Un progetto perla rivitalizzazione delle imprese artigiane (saperfare) attraverso l'inserimento di neolaureati (sapere) in posizioni di responsabilità condivise.
Confartigianato Toscana (10/2011)
Segretario generale Pierluigi Galardini

Il Neolaureato (il sapere)
il problema chiave del contesto economico sociale attuale l'inserimento dei giovani nel mondo del lavoro in particolare per i neolaureati un fenomeno sviluppatosi negli ultimi dieci anni è infatti la disoccupazione intellettuale che colpisce in modo profondo i giovani ottenuta la laurea il sogno della professione di prestigio, in molti casi considerato un mezzo per la scalata sociale e per un reddito più alto della media è una realtà sfumato.

I posti di lavoro offerti oggi - quando ci sono - si collocano nei mestieri dove il lavoro manuale prevale su quello intellettuale ed è richiesta una preparazione specifica come, ad esempio, cuochi formai idraulici giardinieri

Conseguenze: i giovani laureati sono costretti spesso a nascondere la laurea per avere la possibilità di ricevere un posto rompendo il pregiudizio dell'eccessiva qualificazione per una posizione di basso profilo

L'Artigiano (il saperfare)

Di contro per la complessità del sistema competitivo attuale l'impresa artigiana non può basare la sua sopravvivenza solo sul saper fare in particolare distretti industriali l'artigiano sul fornitore ha consentito alle imprese industriali il decentramento selvaggio praticarlo a partire dalla metà del secolo scorso la sua origine e quindi operaia con le competenze acquisite in fabbrica e sviluppate poi nella propria bottega - non da tutti - ma da parte dei più intraprendenti e creativi

Queste competenze in un sistema di committenti che ha sempre più valorizzato il prezzo basso, abbandonando il presidio del processo produttivo, isola l'artigiano in un microcosmo autoriferito sempre più fuori dal contesto, da solo con una sola cultura del fare, che ha limitate possibilità di rendersi indipendente adeguandosi al nuovo complesso sistema competitivo

Infine l'età dell'artigiano che solitamente intorno a cinquant'anni e l'impresa si trova spesso senza possibilità di passaggio generazionale e come conseguenza l'abbandono dell'attività di dispersione delle competenze- il saper fare - dispersione degli investimenti fissi (locali macchinari e attrezzature) e quasi sempre del patrimonio accumulato in anni di fatica

Il contesto attuale le opportunità

l lavoro manuale non è più assimilabile all'uso prevalente delle mani alla fatica fisica al sudore, ma richiede intelligenza conoscenze tecniche e tecnologiche creatività e spirito di adattamento rapido ed incessante cambiamento del sistema competitivo

La scelta del lavoro nei più polarizzata tra il lavoro manuale e intellettuale, ma ad un giusto equilibrio tra i due Esiste secondo il nostro punto di vista, un'opportunità di integrare queste due qualità per una nuova impresa artigiana associando attraverso un percorso guidato il saper fare al sapere per giungere al **saper essere:** un correttivo in parte controcorrente in un'epoca in cui si preconizza solo una società e un'economia basata prevalentemente sulla conoscenza

Gli obiettivi del progetto
il progetto si propone la rivitalizzazione e la salvaguardia del "saper fare artigiano" in un territorio distrettuale come quello pratese, facilitando l'inserimento di laureati - il sapere - nelle imprese artigiane di valore, attraverso un percorso graduale con l'obiettivo finale di inserirli in partecipazione societaria per raggiungere con la nuova impresa il saper essere.

(NOTA dell'A)
Il progetto sponsorizzato da Pierluigi Galardini, nel frattempo passato dalla sede Confartigianato di Prato a Confartigianato Toscana, non riuscì a trovare consensi nella nuova gestione pratese e con la scomparsa di Galardini è affondato nel nulla.

Questo dirigente di associazione datoriale merita un plauso particolare per la dedizione e il senso di appartenenza al distretto tessile che ha caratterizzato tutto il suo percorso in Confartigianato e visti i risultati successivi, meritava di rimanerci ancora del tempo, il distretto

Lo schema operativo:
nella pagina seguente!

Prima fase: preparazione all'incontro

<table>
<tr>
<td>

Il Saper fare:
(conoscenza operativa e procedurale, abilità pratiche, esperienza professionale specifica, capacità di gestione dei problemi che si incontrano nella prassi lavorativa)

</td>
<td>

Il Sapere:
(conoscenze codificate, attinenti a discipline per le quali esistono comunità di studiosi e di esperti)

</td>
</tr>
<tr>
<td>

Ricerca e
selezione
dei
candidati

</td>
<td>

Ricerca e
selezione
dei
candidati

</td>
</tr>
<tr>
<td>

Preparazione
all'incontro

</td>
<td>

Preparazione
all'incontro

</td>
</tr>
</table>

Seconda fase: la sperimentazione reciproca (5/10 coppie)

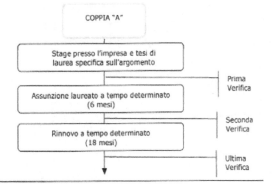

COPPIA "A"

Stage presso l'impresa e tesi di laurea specifica sull'argomento — Prima Verifica

Assunzione laureato a tempo determinato (6 mesi) — Seconda Verifica

Rinnovo a tempo determinato (18 mesi) — Ultima Verifica

Terza fase: costituzione di una nuova società di gestione

Creazione di una Newco
tra l'artigiano(70%) e un Fondo rotativo (30%)
Opzione al laureato del 30% a 5 anni

Saper essere:
(capacità di comprendere il contesto in cui si opera, di gestire le interazioni con gli altri attori sociali presenti nel contesto, di adottare i comportamenti appropriati)

FONDO

114

4.13 PROGETTO MINIFILIERE
Mix Consulting Network per Confartigianato Prato (09/2015)
(presidenza A. Delli)
Prima di tutto uno "Scenario da condividere"
Verso un distretto nuovo!

la struttura del distretto di Prato non potrà continuare sul modello del passato, pena la dissoluzione, purtroppo già in atto! *Questo cambiamento è attivabile, né più né meno, con una combinazione diversa del presente: senza buttar via nulla!*

I punti chiave da condividere prima di qualsiasi azione comune

* **Il posizionamento di mercato** (produrre anche il basso prezzo) non è più coerente con le competenze pratesi e con lo scenario competitivo mondiale (differenziazione sulla creatività, sulla qualità, sulla sostenibilità e sul servizio!)
* **La dimensione delle imprese** (tutte!) non è variata: non sono dimensioni adatte al nuovo mercato globale! (vedi analisi specifica!) Strutture poco aggressive e tendenza a limitare il rischio e dirottare gli investimenti!
* **Le imprese del distretto sono basate prevalentemente sulla cultura del "saper fare"** (su questo, senza concorrenti!) ma sono carenti nel "sapere" (cultura manageriale essenzialmente "tecnica")
* **Le relazioni fra operatori oggi sono eccessivamente conflittuali,** quindi qualcuno ci rimette sempre (ma in definitiva, tutti!) l'integrazione spontanea ed efficace dei microattori del sistema, ha funzionato con un distretto coeso e autorigenerante, superando brillantemente crisi "cicliche", anche gravi (Cardato ad esempio!) ma non ha reagito positivamente all'ultima crisi "strutturale" e non ciclica, durante la quale si sono verificate: numerosissime chiusure (Committenti e Terzisti), blocco degli investimenti tecnologici (Terzisti), ricerca limitata (Committenti),

115

riducendo in modo determinante la competitività del distretto (intesa non come prezzo ma come offerta complessiva!!)

- se questi punti chiave (anche se non solo i soli!) sono condivisibili, allora l'impegno degli operatori più attenti dovrà anticipare l'intero distretto con modelli nuovi, sperando nella conseguente emulazione degli altri operatori.

Alcune osservazioni generali che rappresentano vincoli per il successo di qualsiasi iniziativa

- I **"protocolli d'intesa calati dall'alto"** sono fatti dagli onesti...per permettere ai furbi di non rispettarli!
- Il concetto d'integrazione di operatori in **"Minifiliere"** deve iniziare da parte di pochi "visionari" e con l'esempio di successo, promuovere emulazione (tipica dei distretti!)

Il progetto sperimentale "Minifiliere" in sintesi

Concetto:
la riconosciuta necessità di revisione della relazione tra operatori della filiera tessile, si basa sulla decisione di un gruppo d'imprese "sane" e "visionarie", di formalizzare i propri rapporti di fornitura, costituendo una "RETE D'IMPRESA", che garantisca un rafforzamento operativo, senza perdere d'indipendenza! Si tratta di costituire una FABBRICA INTEGRATA VIRTUALE gestita con l'obiettivo di una accresciuta "competitività comune", garantendo però una "convenienza comune", che diventano gli "obiettivi comuni condivisi"

I punti chiave della "Rete di scopo"

- Costituire un gruppo d'imprese rappresentative di una INTERA filiera tessile, la cui proprietà sia orientata all'integrazione "di scopo" (cioè limitatamente ad uno scopo preciso) mantenendo la propria indipendenza, ma abbandonando l'individualismo, nel rispetto del ruolo riconosciuto di ciascun componente la rete

116

- Con la disponibilità a rendere trasparente le condizioni del proprio apporto di acquisto/fornitura, che consentano un ritorno degli investimenti e un profitto coerente con il livello di rischio di ciascun operatore
- La cui gestione sia orientata al cambiamento, giustificato dalle mutate condizioni esterne di successo, creando le condizioni di aggiornamento di tutte le imprese, per un miglioramento continuo
- La cui dimensione complessiva giustifichi investimenti per un'attività di ricerca per l'innovazione (finanziata in partecipazione con fondi pubblici)
- Preferibilmente specializzata (Abbigliamento/Tecnica, Fashion/Classica; Donna/uomo; Collezioni/Fast fashion, ecc.) le cui competenze attuali (e da acquisire) siano coerenti con il posizionamento obiettivo sul mercato
- Con una struttura tecnico-organizzativa in evoluzione, con investimenti continui di miglioramento tecnico/tecnologico/gestionale

Una ipotesi sperimentale (costituire almeno 2/3 RETI contemporanee)

(NOTA dell'A)
La proposta mosse una certa attenzione, ma come tante delle proposte formulate non ebbe alcun seguito.

TESSILE LA PROPOSTA DEL PRESIDENTE DI CONFARTIGIANATO

«Minifiliere per evitare la guerra delle tariffe»

Belli: «Statuto etico con la Camera di commercio»

«E' TEMPO di passare dai buoni propositi espressi nei vari interventi sul giornale ai fatti: la mia prossima mossa sarà prendere il telefono e chiamare i presidenti delle altre associazioni di categoria per proporre un primo incontro da tenersi in "territorio neutro", come la Camera di commercio, dove iniziare a individuare insieme nuovi sistemi di relazione tra operatori del distretto tessile». Andrea Belli, presidente di Confartigianato Imprese Prato, interviene nel dibattito sulla situazione del tessile pratese che ha animato la seconda parte di agosto sulel pagine de *La Nazione* Prato. Puntando in paryicolare sull'eterno conflitto sulle tariffe di lavorazione fra committenti e terzisti.

AGGREGAZIONI
«d committenti s'impegnano a forniture e compensi per garantire i minimi vitali»

PRESIDENTE Andrea Belli guida Confartigaianato Prato

«I vari interventi fatti finora, tutti autorevoli, hanno in comune un fil rouge di fondo – dice Belli - cioè l'idea che il declino del tessile non è irreversibile ma che al momento il vero nodo da sciogliere sia quello della mancanza di remuneratività. E tempo di dare vita a un nuovo sistema operativo che sia dignitoso ed efficace per tutti».

Cosa non va nel sistema cha ha caratterizzato finora la vita del distretto?

«Dieci anni di crisi hanno dimostrato che affidarsi ciecamente alla legge di libero mercato tra imprenditori funziona solo per chi compra i tessuti o per alcuni fur-

bi. Le trattative tra committenti e terzisti si basano su parametri vecchi che vengono continuamente rimessi in discussione. Se un committente riceve un grosso ordine (si fa per dire...) pretende sconti da quei terzisti che magari per mesi hanno lavorato su piccoli lotti con alti costi di lavorazione, per non parlare dei tempi di pagamento e il loro rispetto. E tempo di voltare pagina una volta per tutte».

Quale sarà la sua proposta?

«Credo fermamente nelle mini-filiere o aggregazioni che dir si voglia, formate da aziende fidelizzate tra loro, dove i committenti tutelano le lavorazioni sia nei mo-

menti di picco di lavoro che di fermo. La crisi non giustifica il lavorare a tariffe non remunerative per l'intera filiera. Per questo motivo riterrei utile anche un vero e proprio statuto etico, che individui livelli minimi vitali di redditività da non oltrepassare».

Non crede che ognuno continuerà a muoversi come ha sempre fatto?

«La creazione delle minifiliere dovrebbe arginare questo fenomeno. Inoltre dovrebbe venire data la massima informazione a tutti gli operatori su questo aspetto. D'altronde, rimanere a guardare mentre la nave affonda, non è un'alternativa soddisfacente».

p.c.

5 IL SOGNO DELLA "FASHION VALLEY"

Giampaolo Pacini, in un articolo su "IL TIRRENO" lancia questa definizione per il distretto di Prato.
(11/2000)

5.1 L'ARTICOLO SU "IL TIRRENO"

Avevo partecipato al Forum PMI e avevo ricevuto un grande stimolo dall'intervento di Jeremy Rifkin, il famoso futurologo americano e di getto scrissi un articolo per il Tirreno.

Ipotizzai la visita di una famiglia americana a Prato e tutto ciò che avrebbe trovato: una vera "Fashion Valley"

- La famiglia: **padre**, dirigente di una impresa di distribuzione abbigliamento, **madre** impiegata al Moma di NY, la **figlia** studia al FIT, il **figlio** studia anche lui e per ora ama "navigare in Internet.

- Organizzano il viaggio a Prato visitando il primo **"Prato fashion point"** a NY in Fifth Ave.

- Arrivano all'aeroporto di Peretola e trovano ad attenderli il **"Fashion bus",** che si occuperà dei loro spostamenti

- Arrivo in albergo, primo benvenuto in camera con un sacchetto di biscottini di prato e l'ultimo numero di **"Fashion Magazine"** in lingua inglese.

- Scaricare la posta, rispondere e poi cena in albergo e a uno spettacolo a **"Il Fabbricone"**

- Al mattino visita tutti insieme al **"Fashion center"** una struttura avveniristica in legno e cristallo progettata da Renzo Piano in mezzo ad un bosco di cipressi e pini mediterranei

- Il "Centro di Ricerca" con 12 ricercatori residenziali e un numero di altri ricercatori da tutto il mondo che effettuano degli stages presso il **"Prato fashion Research Institute"** dove dispongono del più completo **Centro di documentazione** sul fashion mondiale

- Alla **"Fashion University"** che ospita 300 studenti da tutto il mondo, per diventare **"fashion-engineer"** titolo riconosciuto tra i più prestigiosi del mondo

- Il **campus** che ospita gli studenti è costituito da 25 villette a schiera ognuna delle quali a disposizione di 12 studenti.

120

- Visita alla grande **"Fashion Hall"** centro congressi dove si sta svolgendo un congresso internazionale
- infine, una visita lampo a **"Prato fashion show"**, la nuova edizione di Prato Expo'
- Dopo un pranzo nel **"Fashion Restaurant"** a base di piatti tipici pratesi di ritorno in albergo si passa davanti al **"Palazzo dell'imprenditore"**, tre torri, una per ogni associazione datoriale e a piano terra gli studi professionali.
- Il padre avrà una serie d'incontri con produttori di tessuti, madre e figlia in un **"Fashion Tour"** in visita ad alcune fabbriche e ai loro factory outlet, dove potranno fare acquisti. Si ritroveranno per un aperitivo al **"Bacchino fashion-cafè"**
- La sera stanchi per una giornata intensa cena in albergo con una bistecca ed un buon bicchiere di **Pinot nero di Bagnolo**
- La mattina dell'ultimo giorno dedicata all'arte: visita al **Centro d'arte contemporanea**, alle opere del Lippi, al pulpito di Donatello
- Pomeriggio nella "Strada del vino di Carmignano" con la visita di alcune cantine locali.
- Il giorno successivo - ironicamente - lasciati liberi per una visitina a Firenze!

Un'utopia? dipenderà dal coraggio e dal rigore degli imprenditori locali se sapranno realizzare una vision forte per il distretto e dalla lungimiranza delle autorità locali.

E i miliardi necessari? Per un buon progetto si trovano sempre!

(NOTA dell'A)

L'articolo ebbe un buon successo e da allora si è iniziato a parlare di FASHION VALLEY

Fashion Valley, la Prato del futuro

Sogno o scenario possibile? La proposta di Pacini in margine al forum Pmi

di Giampaolo Pacini

PRATO. I convegni molte volte, il più delle volte annoiano, ma c'è sempre un intervento luminoso, che sorprende, che contribuisce soprattutto a riordinare i pensieri ed arrivare ad una sintesi a cui difficilmente saremmo arrivati così rapidamente.

Al Forum Pmi è accaduto con Jeremy Rifkin, il grande economista, consigliere di Clinton. Egli ha riaffermato, tra gli altri contenuti lucidissimi ed esposti con un linguaggio semplice e comprensibile, un concetto in cui ho sempre creduto e che ho diffuso in tutti i miei interventi e Consulenze: la necessità di essere prima di tutto diversi, raggiungendo questo scopo attraverso la valorizzazione dei giacimenti culturali del territorio, che sono obbligatoriamente originali ed inimitabili, perché formali e radicati nel territorio. Questa riaffermazione di Rifkin mi ha fatto riflettere su Prato e sulla strategia per il futuro, facendomi prendere una precisa posizione fra quella espressa da più parti: la sola strada del successo per la città è nella valorizzazione della cultura della città.

Ma come realizzare questo obiettivo? Suggerisco di attaccarci al treno della Toscana per risparmiare soldi e strutture il grande ma agnerico successo della Toscana nel mondo. A questo scopo Prato, ed in particolare il suo distretto, ha tutte le carte in regola per proporsi con un ruolo chiave nella moda italiana ed internazionale.

Una volta tanto voglio proporre un'utopia, un progetto senza limiti, per interrompere l'era dei piccoli progetti individuali, per proporre uso di distretto: forte, ambizioso e anche un po' utopistico!

La famiglia americana

Arrivo a Peretola, trasferimento a Prato con un pullman-bus che li scuderà davanti all'ingresso dell'albergo. Sistemazione nei loro camere, entro dello scopo di Prato, 5 minuti di relax, abbigliamento... «Fashion Hall» dei magazzini «Fashion»...

Il Centro di ricerca

Al centro ricerche sul tessuto, una struttura di 12 ricercatori delle università di tutto il mondo, che partecipano ai progetti di ricerca...

Così potrebbe essere Prato nel futuro (elaborazione grafica di Fabio Barni)

bali vengono ricevuti da una hostess che lo condurrà in visita nei reparti.

da e Tom Ford, ma che anche Domenico De Sole e Diego della Valle.

bby e Sarah, il figlio e la figlia, sono interessati a visitare il campus universitario...

Shopping in fabbrica

La madre e la figlia hanno prenotato un «fashion tour» che comprende la visita ad alcune fabbriche aperte...

Polpito di Donatello, sempre accompagnati in una trattoria tipica del centro e poi, nel pomeriggio nella Valdi Bisenzio all'Antica sartoria ed al Mulino Meucci. Cena a base di tortelli di patate, arista al forno e fagioli, coroni con l'olio della vallata. Presto in albergo.

Il quarto giorno liberi di fare un salto in centro a fare shopping, ma a sera un appuntamento tra i frati...

...questo progetto, ... ubito allo scenario dei ... e appare ad una fam i- ... New York in visita tu- ... d'affari a Prato. Il pro- ... visita è stato realizza ... internet, dal «Fashion ... un ufficio di coordina- ... della Fashion Valley. ... Visitor aveva iniziato ... curiosirsi sulla città, vi- ... lo il «Prato Fashion ... » nella Fifth Avenue a ... York.

...ra rimasto entusiasta del- ... visita virtuale resa possi- ... e via Internet ad una po- ... zione computer. La deci- ... e di organizzare un viag- ... era maturata poi a Pari- ... in Faubourg-St.Honoré, ... endendo un caffè al Prato ... shion Point di quella ... ttà.

La famiglia è composta da ... uattro persone: padre diri- ... ente di un'impresa di distri- ... uzione di abbigliamento, ... adre impiegata al Moma ... New York, la figlia studia ... Fit, il figlio studia anche ... ui e per ora ama il buon vi- ... ere e la «rete».

Mezz'ora al computer di camera, per scaricare la posta elettronica personale e per rispondere. Sono le sette di sera: il primo impegno è alle 21 al Fabbricone: una rappresentazione teatrale: una prima molto attesa. Breve cena in albergo e puntuale, il fashion-bus li preleverà dall'albergo, per riaccompagnarveli dopo lo spettacolo.

Al mattino tutti insieme: il programma è nutrito.

Spettacolo al teatro Metastasio

Visita al Fashion Center, una costruzione avveniristica con la struttura in legno e cristallo, progettata da Renzo Piano e posizionata nel centro di un bosco di cipressi e pini mediterranei. Entrati nella centro di documentazione sulla moda, sul tessuto, sulla maglieria e sulla confezione, dov'è possibile ricercare qualsiasi informazione a video, a stamparla a colori in tempo reale, pagando l'uso «a tempo»: Bobby, il figlio, Non avrebbe mai lasciato il terminale!

Cantuccini e Vin Santo

Al «Fashion and fabric Museum», una splendida area progettata da Gae Aulenti, è stato possibile ripercorrere la storia della cultura della lana, del tessuto e della moda a Prato e nel mondo; una sorpresa per tutti scoprire la grande tradizione di questo territorio.

Expo nuova formula

Alla Fashion University, che ospita 300 studenti provenienti da tutto il mondo che studiano 4 anni per diventare fashion-engineer, con un titolo riconosciuto fra i più prestigiosi nel mondo. I docenti, di livello internazionale, sono supportati da visiting professor di grande prestigio come Giorgio Armani, Miuccia Prada ... una serie di workshop privati organizzati da produttori pratesi. La visita termina con una breve corsa attraverso gli stand di «Prato-fashion-show» l'edizione 2005 di Prato Expo, nuova formula.

Palazzo dell'imprenditore

E' già mezzogiorno un pranzo leggero al «Fashion-restaurant» a base di piatti tipici pratesi, rivisitati con rigore, per utenti contemporanei. Uscendo il fedele fashion-bus è lì ad aspettare e attraverso un viale alberato si avvia verso l'albergo. A destra l'autista indica un palazzo a tre torri ed informa che si tratta del «Palazzo dell'imprenditore» dove in ognuna delle torri hanno gli uffici le tre associazioni imprenditoriali.

Un'edizione di Prato Expo

In un'ala del piano terra, che si spinge nel bosco, gli studi professionali. Adesso la famiglia si divide: il padre ha una serie di appuntamenti con alcuni produttori locali che visiterà con un «fa...

Il tour permetterà loro di capire il ciclo tessile, dalla progettazione nel lanificio, alla filatura, tessitura, rifinizione e nuovamente lanificio dove potranno acquistare anche tessuti.

Durata del giro, tre ore con un intervallo di mezz'ora per un tè al «Bacchino Fashion-Cafè» in piazza del Comune.

Una bottiglia di Pinot Nero di Pancrazi

La sera, stanchi, una cena leggera in albergo, sempre basata su piatti della tradizione toscana con una buona bottiglia di Pinot nero di Bagnolo.

Arte e Pinot nero

Il terzo giorno è dedicato all'arte contemporanea e antica. La mattina il Centro d'arte contemporanea, il Lippi, il ... lo dell'Imperatore.

Donatello e Pontormo

Quinto giorno nella strada medicea dei vini di Carmignano, con la visita di tre cantine locali, la Villa di Artimino e cinque minuti in contemplazione dell'opera del Pontormo.

Il Pulpito di Donatello

Pranzo in un ristorante tipico, naturalmente degustando Carmignano, in abbinamento al cibo. Il sesto giorno possiamo lasciarli liberi per una capatina a Firenze...

I miliardi e l'utopia

E' un'utopia? Dipenderà dal coraggio e dal rigore con cui gli imprenditori sapranno realizzare la «vision» per il distretto e dalla lungimiranza delle autorità pubbliche locali e regionali. E i miliardi necessari? Per un buon progetto si trovano sempre!

5.2 FOSCHIA NELLA "FASHION VALLEY"

Qualche difficoltà a vedere con chiarezza l'evoluzione futura del distretto di Prato. Alcune riflessioni a tre anni dalla pubblicazione del mio articolo sul Tirreno, intitolato "Fashion Valley, la Prato del Futuro" (2005)

L'articolo sulla Fashion Valley voleva essere una provocazione nei confronti di tutta la business-community locale, affinché riflettesse sulla necessità di ipotizzare degli scenari futuri possibili per il distretto nel fashion-system internazionale, definendo minacce ed opportunità dei prossimi dieci anni. Lo scopo di questo "esercizio" era di stabilire delle linee strategiche generali per contrastare il declino del distretto, ormai visibilissimo, individuando un nuovo posizionamento di successo raggiungibile, anziché tendendo a difendere il passato, agendo sulla differenziazione e la valorizzazione delle competenze locali, in risposta alla nuova domanda del mercato.

In realtà la comunità intera (privata e pubblica) si è concentrata, anche in questi tre anni, nella ricerca di interventi di sostegno esterni, siano essi di difesa dalla concorrenza internazionale, che di sostegno economico-finanziario alle imprese in difficoltà.
Attenzione più che giustificata, ma la contemporanea mancanza di linee guida strategiche di sviluppo condivise, ha provocato numerosi interventi, orientati prevalentemente ad una visione di "salvataggio" a breve, con limitate prospettive a medio- lungo termine, per le imprese e per il distretto.

Le imprese più deboli hanno teso a difendersi con una lotta di prezzi, indispensabile per cercare di mantenere le posizioni nei segmenti di mercato tradizionali, scaricando il più delle volte le conseguenze sull'indotto, abbassando le tariffe alla sub-fornitura. Le imprese più forti e avanzate hanno agito in autonomia, ricercando, com'è logico, soluzioni per il proprio sviluppo, nella differenziazione prima di tutto e alcune anche a prescindere dal distretto, andando a produrre in aree a basso costo della manodopera.

124

Anche l'ultima decisione dell'Unione Industriale di far ricorso ad una società di consulenza strategica per orientare le imprese industriali al recupero internazionale di competitività, **ineccepibile, tra l'altro, nella sua impostazione tecnica**, ha comunque un orientamento centrato sulle imprese e poco sul distretto nel suo insieme. Le imprese "industriali", infatti, da quelle parzialmente integrate, agli "impannatori" puri, non possono progettare il loro rilancio, se non intervengono in sintonia con l'indotto.

Come convincere l'intera comunità economica distrettuale ad assumere una visione strategica d'insieme ed operare orientando con gli interventi pubblici e i progetti privati verso un posizionamento di successo, che sia una risposta allo sviluppo dei mercati internazionali ed in stretta coerenza con le imprese locali, la loro dimensione, strutturale e culturale, le loro competenze condivise?

Indubbiamente nella valle c'è un po' di foschia, che speriamo non diventi nebbia!

(NOTA dell'A)
In realtà la Fashion Valley è rimasta un'utopia e nulla delle prestigiose iniziative è stato realizzato.
Non certo la pessima ristrutturazione di una vecchia fabbrica per la sede della Camera di Commercio.
*Uniche iniziative degne di nota sono solo il nuovo **Centro per l'Arte Contemporanea** L. Pecci, **il Museo del Tessuto**, Il Museo **di Palazzo Pretorio**.*

5.3 PRATO POTRÀ MAI DIVENTARE LA "FASHION VALLEY"?

Dopo tredici ani dall'uscita dell'articolo su IL TIRRENO abbiamo voluto analizzare la struttura del distretto tessile pratese realizzando una ricerca da tavolino analizzando 600 bilanci di imprese con un fatturato superiore a 1 milione di €.

Prato: potrà mai diventare la Fashion Valley?
Difficile se non si esce dal declino, riprogettando il distretto!

Dai risultati di un'analisi della struttura industriale
del Tessile & Abbigliamento del distretto di Prato,
le linee guida per uscire da una crisi che rischia di essere irreversibile.

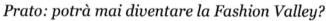

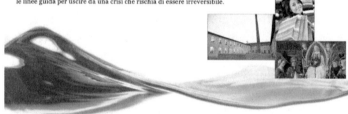

Giampaolo Pacini-Riccardo Diddi © 2013

L'idea progetto

* Un'analisi della struttura industriale del distretto pratese del tessile e dell'abbigliamento

* L'obiettivo: verificare se ci sono le condizioni per uscire dal declino

* Lo scopo: sollecitare l'intera città a riposizionarsi verso una *vera* Fashion Valley

FASHION VALLEY Community

4

La metodologia di ricerca in breve

- Abbiamo acquistato, dall'istituto CRIBIS D&B, l'elenco delle imprese delle province di Prato e Pistoia, **con un fatturato maggiore di 1 milione di €**, nel settore del Tessile&Abbigliamento
- La lista riportava le principali informazioni, oltre a quelle anagrafiche, anche: **l'attività secondo la classificazione ATECO, la natura giuridica, gli amministratori, il fatturato dall'ultimo bilancio ed infine l'indicatore di rischio** (1, rischio minimo, 4 , rischio massimo)
- Abbiamo elaborato questi dati, ottendendo alcune tabelle significative

Elaborazione dei dati a cura di Croce Di Michele, consulente di business intelligence

 7

I risultati del distretto in sintesi

- Le imprese dell'intera filiera tessile e dell'abbigliamento, nelle province di Prato e Pistoia, che fatturano oltre 1 milione, sono circa 600 (una recente indagine della CCIAA ha stimato che in totale siano circa 2200, quindi si può ipotizzare che 1600 fatturino meno di 1 milione)
- Nel settore del tessile sono 543 ed il fatturato medio per impresa supera di poco i 4,6 milioni di €.
- Nel settore della confezione e della maglieria le condizioni sono simili: solo 57 imprese, che fatturano una media di poco più di 2,7 milioni

 8

I risultati riferiti ai "produttori di tessuto" in sintesi

- La dimensione delle imprese è drammaticamente contenuta: la media di fatturato di 175 produttori di tessuto (lanifici) che fatturano più di 1 milione, è di 6,3 milioni di euro.
  I primi cinque fatturano in media 37,6 milioni di euro i primi 100 non superano i 9,8 milioni di euro

- Indubbiamente una dimensione critica se si tiene conto che i mercati di assorbimento sono prevalentemente all'estero e oggi anche in paesi di grande dimensione, "lontani" e particolarmente complessi da presidiare.

9

Fatturato complessivo "Produttori di tessuto"

Classi di fatturato	n°	%	Fatturato	%	Fatturato medio
Da 1 a 10 mio	142	81,2	491.943.332	44,5	3.464.390
Da 10 a 20 mio	25	14,3	356.525.463	32,2	14.261.019
Oltre 20 mio	8	4,5	258.262.909	23,3	32.282.864
TOTALE TESSILE	175	100,0	1.106.731.704	100,0	6.324.181

La debolezza del distretto è evidente se si considerano questi dati: quasi la metà del fatturato dei produttori di tessuto è realizzato da imprese di piccolissima dimensione (l'81% delle imprese con una media di fatturato di 3,5 milioni di euro!)
La "fashion valley" è sicuramente una iperbole e, d'altra parte, è una utopia pensare che con questa struttura industriale si possano presidiare i mercati mondiali!

15

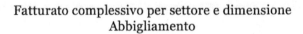

Fatturato complessivo per settore e dimensione
Abbigliamento

Classi di fatturato	Fatturato	%	Fatturato medio
Prime 5 imprese	58.289.120	27,5	11.657.824
Prime 10 imprese	91.865.901	43,3	9.186.590
Prime 20 imprese	135.402.443	63,9	6.770.122
Prime 50 imprese	203.700.933	96,1	4.074.019
Altre (7)	8.240.216	3,9	1.177.174
TOTALE GEN.	211.941.149	100,0	3.718.266

Nell'abbigliamento la situazione è più drammatica: le prime cinque imprese in media superano di poco i 10 milioni!

18

Conclusioni

- Una struttura industriale indebolita: nel numero d'imprese, nella polverizzazione dell'offerta, produzione ed esportazioni in netto calo. Segni evidenti di declino!
- Il distretto è inserito in uno scenario globale completamente cambiato, affrontato con strategie tradizionali e con relazioni tra gli operatori rimaste alle origini, con conseguenze negative sull'efficacia competitiva.
- Mancanza assoluta di segnali di reazione forte e coesa.

23

Rebranding del distretto
verso una vera

FASHION VALLEY Community

24

I caratteri di una ......"*valley*"
(l'esempio più significativo è la Silicon Valley in California)

- Addensamento di idee e persone
- Volontà di rimuovere ogni ostacolo al flusso di talenti e di idee
- Propensione alla multiculturalità
- Imprenditoria giovane
- Alta formazione
- Elevate competenze tecnologiche
- Propensione alla ricerca di nuovi mercati (non solo in senso territoriale!)
- Infrastrutture che supportino l'attività di Ricerca & Innovazione (non solo in senso estetico!)

25

Per una *"Fashion Valley"* di successo!
(che non sia solo una definizione usata per una comunicazione suggestiva, ma priva di contenuti!))

- La FV è un laboratorio per dare spazio ad idee innovative (non solo estetiche e "stagionali")
- Risvegliare ed attrarre nel territorio persone con la voglia di innovare
- E' indispensabile concentrare l'attenzione non solo sulla creazione di prodotti di successo, ma sui talenti che possano creare prodotti di successo!
- Bisogna dare una "casa" ai talenti ed aiutarli a sviluppare e sperimentare le loro idee innovative
- Stimolare il flusso di idee in entrata ed in uscita
- Lasciar "respirare" i singoli ed i gruppi di innovatori, dando loro la libertà di esprimere e sviluppare idee nuove ed eccellenze.
- Attrarre "Angel Investors" che stimolino ed investano in imprese innovative

26

"Rebranding"
del distretto di Prato?

Attivabile, né più né meno, con una combinazione diversa del presente: senza buttar via nulla!

27

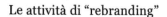

Le attività di "rebranding"

- La **grande sfida** per una impresa, ma anche per un distretto, è mantenere coerente il proprio **brand*** ai cambiamenti sociali, all'evoluzione delle attese del mercato, nonché alla sua nuova estensione, con una nuova "combinazione" dell'offerta attuale!
- **Rebranding** è quindi un'azione non convenzionale, profonda e radicale che non significa affatto rinnegare il passato, anzi, è sulle competenze specifiche, nel nostro caso radicate nel territorio (*genius loci*) sulle quali far leva per costruire un nuovo posizionamento

---

***Brand**: da non confondere con il "marchio", che è semplicemente una rappresentazione grafica dell'impresa, rispetto a valori ben più importanti attribuiti dal consumatore o da una comunità di utenti, alla "marca", come la notorietà, l'immagine, l'affidabilità, il design, il fashion, il servizio, ecc.)

Per una "Fashion Valley" oltre il tessuto!
(una fonte di prodotti fashion che vanno oltre il tessuto)

- **Struttura dell'offerta**: è ancora corretto focalizzarsi solo sulla produzione tessile? Potrebbe essere opportuno invece pensare a una filiera allungata alla confezione ed integrata con la maglieria, magari ricercando una più efficace integrazione con la comunità cinese locale e rispondendo così alla richiesta sempre più pressante di un prodotto finito, fornito da un unico interlocutore. Si tratta di mettere a frutto la nostra nota creatività anche nel prodotto finito.

Per una *"Fashion Valley"* comunicata nel mondo!

(concentrare, senza disperdere, le attività di comunicazione nel mondo)

- **Comunicazione integrata del distretto**: il distretto ha finora comunicato "facendo", ma nel contesto mondiale in cui viviamo non è più sufficiente. E' indispensabile comunicare in modo coordinato, con una strategia precisa, coerente con il posizionamento atteso! sicuramente unendo e concentrando le forze e gli investimenti per costruire una "fashion valley" vera, risultato di un
  ### *modo di pensare ed agire*
  e non semplicemente su una idea operativa.

32

Una proposta
per cominciare

Creazione di un gruppo di persone individuate fra i players del distretto ed estesa agli studenti ed alla popolazione attiva, per progettare il "rebranding" del distretto.

33

Il concetto dell'elica tripla alla base del successo

Industria

Università

Pubblica
amministrazione

(NOTA DELL'A)
Questa analisi fu presentata nel distretto in diverse occasioni, dal Rotary
Club al Polo Universitario.
Non ha prodotto alcun risultato.
La denuncia delle dimensioni critiche delle imprese non ha provocato alcuna
reazione proattiva.
Una vera "sordità" basata su un individualismo sfrenato, una chiusura a
riccio delle imprese, una mancata sensibilità alla crescita, infine nessuna
sensibilità alla Ricerca che non sia incrementale (Estetica)

6 IL DISTRETTO E LA PANDEMIA

Il Covid 19 e le conseguenze di carattere generale e in particolare sul distretto.

6.1 LETTERA APERTA ALLA COMUNITÀ DEGLI AFFARI DEL DISTRETTO DI PRATO

indirizzata dall'autore a 50 operatori del distretto. (2/09/2020)

Buongiorno
per la lunga esperienza nella consulenza alle imprese alle associazioni datoriali alla pubblica amministrazione durante il lockdown ho riflettuto sugli effetti del COVID-19 e sulle prospettive del dopo in particolare nel distretto di Prato queste mie riflessioni sono state oggetto di sensibilizzazione diretta alle mie relazioni ed inoltre ho pubblicato articoli sulla stampa e post sui   social
In sintesi la mia visione è concentrata su:

Necessita di un intervento di emergenza attraverso la costituzione di una *"unità di crisi"*

espressione della comunità degli affari pratesi che concentrasse interventi rapidi sulle imprese della filiera del testo di d'abbigliamento per evitare la perdita di piccole imprese in particolare i terziste con ogni mezzo possibile il rischio di abbandonarlo a se stesse potrebbe porterebbe sicuramente la perdita di risorse produttive e conoscenze difficilmente recuperabili ma purtroppo non ho visto molta sensibilità a questa proposta i commenti bello ma difficile da realizzare io sono convinto che le conseguenze delle indifferenze al problema avrà ripercussioni negative soprattutto per i lanifici per una probabile disgregazione della filiera produttiva

Contemporaneamente alla soluzione dell'emergenza io suggerisco un progetto strategico per il futuro, che non sarà uguale al passato

leggendo la dichiarazione degli operatori emerge chiara una posizione di attesa che si ritorni al più presto alla normalità dando valore agli strumenti tradizionali come le fiere e sicure la capacità creativa del discreto come unico forte vantaggio competitivo i sistema competitivo cambierà radicalmente i consumi si ridurranno per molti anni i criteri di valutazione del consumatore che cambieranno valorizzando elementi fisici di durata del tempo ma anche emozionali le esportazioni vista la situazione sanitaria in tutto il mondo tratteranno a riprendere la struttura produttiva risulterà sotto utilizzata e supera quindi un diminuzione amento gli acquisti del consumatori andranno verso una multicanalità con la crescita delle vendite online modificando le modalità di vendita degli operatori a Monte che dovranno andare oltre le fiere organizzando invece interventi diretti sul territorio con organizzazione di vendite complesse attuabili solo da imprese strutturate a svantaggio dei piccoli lanifici

- **purtroppo, la piccola dimensione è la caratteristica tipica delle imprese del distretto che da una ricerca di alcuni anni fa risultavano fatturare una media di appena sei milioni l'anno**

- **Infine, credo che la struttura distretto tessile di abbigliamento debba anche evolversi attraverso un nuovo rapporto terzisti-lanifici**

costituendo filiere produttive basate sull'integrazione e non sulla competitività selvaggia mirando a un vantaggio reciproco oltre una riorganizzazione generale.

Si aggiunge alla necessità di digitalizzare il distretto rapidamente sulla base del progetto industria 4.0

un progetto molto complesso che richiederà visione flessibilità e competenze manageriali più evolute delle attuali io non posso che continuare a sensibilizzare la comunità sperando in una reazione rapida e concreta

cordiali saluti

(NOTA dell'A)

Questa mia comunicazione non provocò nessuna reazione: nessuno rispose, magari non riconoscendo valide le argomentazioni espresse ella mia mail.

6.2 LE PRIORITÀ DEL DISTRETTO DI PRATO POST COVID
Giampaolo Pacini, Nota del 18/11/2020

Concetti chiave

- **attenzione a non contare sui ristori** e sulle facilitazioni economiche e finanziarie del governo che non riusciranno mai a salvare le imprese in crisi ora nemmeno gli interventi del recovery fund diverranno in tempo per evitare il default a catena
- **nessuno si salva da solo** la situazione è talmente grave che coinvolge l'economia del sociale distretto che è richiesta una progettualità comune attraverso un unico mezzo la costituzione di **un'unità di crisi** per lo sviluppo partecipata dall'intera comunità locale: associazioni datoriali, sindacati e amministrazione pubblica, regione, provincia, comune università, professioni, consulenti di management, banche locali, che condivida obiettivi e gestisca il progetto
- **Evitare i conflitti di parte** dandoci l'obiettivo di far bene a vantaggio di tutti
- **Evitare soluzioni banali di facciata** il progetto di intervento è serio e non va presa alla leggera

IL PROGETTO
Risolvere la crisi finanziaria delle PMI terziste per evitare il loro fallimento
Presupposti: le imprese artigiane della filiera tessile che rappresentano la struttura produttiva del distretto nonché depositare degli impianti e del know per produrre tessuti di qualità, hanno una caratteristica nota sono **sottocapitalizzate.** L'arresto della produzione per mesi ormai senza previsione di ripresa consistente ha provocato una pesante crisi finanziaria che rischia di provocare una serie di fallimenti con perdite

irrecuperabili e una diffusione dell'ossigeno illegale (Gratteri)da parte della malavita **obiettivi** intervenire rapidamente per evitare i default diffusi o diffusione dell'adozione della malavita assegnata all'agenzia per lo sviluppo l'incarico di trovare una soluzione rapida

Soluzione collettiva: possibile il lancio di minibond sono obbligazioni o titoli di debito a medio e lungo termine emessi da piccole e medie imprese e sottoscritti da investitori professionali e qualificati, che a fronte della raccolta dei capitale offre una remunerazione contrattualmente stabilita attraverso il pagamento di cedole periodiche.

I minibond sono stati autorizzati con decreto legge 22 giugno 2012 numero 83 convertito poi in legge 134.012 ed al decreto legge 18 ottobre 2012 numero 179 gestione del progetto dalle tre associazioni datoriali artigiani e industriali con una partecipazione auspicabile di altri componenti da business community divisione modello di distretto

Vincoli:

- **Si vince insieme o non si vince affatto!** superare l'individualismo imperante e costruire insieme con la business community di distretto per vincere insieme occorre che i vantaggi siano per tutti che ognuno trovi conveniente far parte del progetto

- **Non c'è tempo, ma non bisogna prendere decisioni affrettate** l'obiettivo è complesso e va gestito con rigore con l'assistenza di specialisti

Presupposti:

il distretto è stato una soluzione di grande successo osservato da molti a livello internazionale e ha ottenuto grandi risultati in passato, ma lo scenario è profondamente cambiato, il modello non è più funzionale alle nuove esigenze.

Prevalentemente diversi fattori hanno modificato il contesto:

- La produzione è sempre più svincolata dalle stagioni e quindi necessita di risposte veloci

- La riduzione dei lotti di produzione richiede maggior flessibilità e integrazione della filiera di produzione

- la domanda di qualità è profondamente cambiata costante e molto alta
- gli impianti del distretto sono obsoleti: si valuta intorno a 25 anni sarebbero necessari nuovi investimenti ma la sottocapitalizzazione alle imprese richiederebbe un supporto

Obiettivi

- modificare la relazione terzisti-committenti, ponendoli sullo stesso piano con il concetto della strategia **win-win, cioè** abbandonare la conflittualità che crea invece un rapporto Vincente-Perdente,
- rendere più efficace la produzione attraverso la creazione di aggregazioni verticali di filiera dal riciclaggio alla filatura, dalla tessitura rifinizione, tra loro integrate e funzionali ad un unico rapporto efficace rispondendo alle esigenze dei lanifici committenti: affidabilità, flessibilità, velocità, qualità.
- Costituire aggregazioni verticali che consentano una gestione più efficace investimenti formazione personale digitalizzazione mantenendo l'indipendenza delle imprese gestione del progetto l'agenzia per lo sviluppo con rappresentanti qualificati della comunità che assegni ad una società di consulenza specializzata la progettazione di un processo di realizzazione a 2 3 di 2 3 filiere tipo che servono a sperimentare il concetto e creino contemporaneamente stimoli all'emulazione.

Copertura dei GAP di competenze di imprenditori e personale operativo

Presupposti negli ultimi dieci anni il sistema competitivo è stato travolto dai cambiamenti epocali e le persone tutte non sono evolute con la stessa velocità oggi oggettivamente evidente un gap di conoscenze che mette a repentaglio i risultati dell'economia

obiettivi progettare un intervento di formazione continua a manager quadri impiegati operai per l'aggiornamento delle competenze per evitare l'espulsione dalle imprese per sostituirli con personale formato il progetto sarà aperto anche a neolaureati che intendono inserirsi nell'evoluzione del distretto

gestione del progetto apertura di una divisione dell'agenzia dello sviluppo in collaborazione con l'università il pin che sviluppi un piano di formazione continua specializzata e focalizzata sul distretto

Sviluppo del brand Prato, come fashion Valley investendo in comunicazione

Presupposti Prato non ha mai portato a termine i progetti di comunicazione atti a valorizzare il distretto, la sua qualità con il concetto di costituire un **brand forte** tutto a sostegno delle imprese che distribuiscono tessuti nel mondo Intendiamoci sul significato di brand, che non è il marchio ma è la combinazione di elementi quale nome, slogan, logo comunicazione, storia aziendale o di distretto e reputazione, che funzionano come segno distintivo e esclusivo di un'azienda o di un distretto Tempi in cui la comunicazione strategica e funzionale al successo.

Obiettivi:

Creare un'immagine di stretto forte connotata come fonte di fashion creatività qualità spirito di servizio sviluppo del progetto un problema sempre per l'agenzia per lo sviluppo che avrà tre compiti

- condividere il progetto di comunicazione sulla base di un piano di marketing redatto da una società di consulenza qualificata che sia funzionava all'agenzia di pubblicità poi proporre una strategia di comunicazione coerente
- scelta di tre agenzie di pubblicità di qualità internazionale alle quali sottoporre in gara un piano orientativo sulla base delle indicazioni di massima ricevute (briefing) affinché sviluppino un piano strategico di comunicazione con indicazione anche dell'investimento raccomandato verrà scelto un piano

considerato coerente con gli obiettivi contrattualizzato il rapporto con l'agenzia scelta remunerando con un importo simbolico le due agenzie scattate

- studio delle opportunità di finanziamento della campagna di comunicazione attraverso contributi provenienti da più fonti raccolto da contributi attraverso l'associazione datoriali i contributi regionali provinciali comunali contributi dal Recovery Fund.

Una spinta all'innovazione

Presupposti
il distretto de la classe imprenditoriale locale ha sempre reagito alle crisi (cicliche) con grande tempestività e creatività, riconvertendo e rilanciando la produzione locale nel mondo (si ricordano le produzioni alternative come le pellicce, le microfibre, il lino, ecc.) oggi il contesto è molto più complesso perché cambia rapidissimamente e a livello globale le riconversioni sono molto più difficili perché richiedono competenze non solo tecniche specifiche, ma fortemente innovative (la digitalizzazione ad esempio) si aggiunge il fatto che l'età media degli imprenditori più alta e quindi meno portata ad aggiornare le proprie conoscenze è probabile per questo che nel distretto non si sia mai dato importanza alla ricerca come in altri paesi esemplare il fallimento del CREAF che non va addebitato solo alla pubblica amministrazione ma al mancato coinvolgimento degli imprenditori se vogliamo che il distretto mantenga la sua posizione dominante è necessario proporre innovazione anche collettiva
Obiettivi
dare una forte spinta alla ricerca per l'innovazione delle aree della diversificazione delle prestazioni del tessuto dell'economia circolare (Prato precursore con il cardato) della sostenibilità
Sviluppo del progetto
adottare per il distretto alla cosiddetta **"Open Innovation"** un modo di innovazione individuato dall'economista californiano

Harry Chesbrough per cui le aziende possono ricorrere a risorse provenienti dall'esterno (startup, università, fornitori) ha ormai quasi un quarto di secolo e sta diventando sempre più diffusa anche in Italia
Quindi il progetto prevede la costituzione di un gruppo di neolaureati in discipline economiche sociali psicologiche che ricevono incarico di analizzare il distretto e proporre una serie di innovazioni. Il gruppo potrebbe poi costituire una startup operativa sul territorio per l'innovazione continua. Progetto gestito in collaborazione con l'università (PIN)

CONCLUSIONI
L'intervento sicuramente di grande complessità ma anche la situazione più difficile di quello che la comunità percepisce infatti c'è la tendenza ad aspettare che passi la crisi per ricominciare come prima in pensiero molto pericoloso l'ordine con cui sono stati elencati i progetti definisce anche la priorità

6.3 ASSOCIAZIONI IMPRENDITORIALI: NECESSITÀ DI UN NUOVO RUOLO

Giampaolo Pacini, sul blog Mixnetwork Consulting
(03/2020)
Le Associazioni imprenditoriali debbono riconsiderare seriame nte il loro ruolo, particolarmente importante in unmomento di crisi pesante che si prospetta dopo il Coronavirus.
I ruoli chiave dovranno essere, oltre allo sviluppo di energia sociale, il supporto alle associate in difficoltà, attraverso interventi mirati **impresa per impresa!** TROPPO? no sarà l'unico modo per incidere veramente sul destino delle nostre imprese, specialmente di piccole e medie dimensioni È inutile pensare di agire con le strategie consuete: sprecheremmo il nostro tempo!
Bisognerà concentrarsi sulle aree chiave che, secondo noi sono due:

Il problema principale sarà di tipo finanziario: è noto come la maggior parte delle piccole e medie imprese siano sottocapitalizzate e dopo un periodo senza fatturato, che si spera sia breve – ma le prospettive non sembrano orientate in tal senso – non saranno in grado di gestire gli impegni, con grave pericolo di dissesto, soprattutto per le imprese più deboli. **Quale dovrebbe essere il ruolo dell'associazione datoriale?** Un'assistenza diretta, **azienda per azienda**, nell'esaminare le situazioni patrimoniali e le necessità finanziarie, per garantire una gestione equilibrata e per poter svolgere un'autorevole funzione di rappresentanza qualificata nei confronti degli istituti bancari. Per questo sarà necessario presentare piani di "ripresa" strutturati e credibili, che favoriscano la concessione di **credito supplementare**.

Sicuramente molto dipenderà anche dagli aiuti che il Governo progetterà, auspicabile soprattutto in termini di garanzie, ma non possiamo sperare di ottenere denaro senza dimostrare di conoscere con rigore e competenza la situazione dell'impresa e le prospettive di rientro di un finanziamento straordinario. UNA FUNZIONE CRUCIALE QUESTA che richiede però competenze specifiche che non tutte le Associazioni hanno. La soluzione potrebbe essere la creazione di una task force interna, formata dalle persone più preparate, magari assistita da un esperto esterno.

La dirigenza delle Associazioni debbono decidere questa strategia **ORA** e non quando la crisi sarà passata: sarebbe troppo tardi!

Un altro problema chiave è l'innovazione tecnologica: mentre le "persone", cioè tutti noi, abbiamo recepito ed adottato personalmente strumenti digitali con una rapidità impressionante, le imprese e non solo le più piccole, stentano ad adeguarsi a questa evoluzione inevitabile, che creerà uno spartiacque fra imprese competitive e non competitive con limitate opportunità di sviluppo e quel che più conta, senza limiti di dimensione!

La condizione per il successo del cambiamento si dovrà basare su azioni alla base delle quali la "sostenibilità" rispetto ai mezzi finanziari e soprattutto al "pensiero digitale" diffuso nelle persone:

- Iniziare il progetto di cambiamento attraverso un'analisi pre ventiva delle aree più strategiche che richiedono un adeguamento "digitale" in rapporto all'attività e alle esigenze dei Clienti, siano essi B2B (imprese committenti) che B2C (consumatori)

- L'innovazione, in particolare il processo di digitalizzazione, non può essere dirompente, ma graduale e "sostenibile"

- Il primo obiettivo è sensibilizzare l'imprenditore i suoi principali collaboratori e contemporaneamente si può proporre un intervento di sensibilizzazione di tutto il personale (persone al centro!)

- Definire un piano "sostenibile" individuando le fonti di finanziamento

Oggi le Associazioni si limitano a divulgare i concetti in incontri collettivi, principalmente dedicati a descrivere le tecnologie abilitanti, sicuramente interessanti, ma insufficienti per conseguire dei risultati concreti. Sono necessari invece interventi **impresa per impresa!**

Anche in questo caso la soluzione potrebbe essere quella di costituire una task-force formata da giovani laureati, "nativi digitali" , magari assistiti da un esperto esterno.

Due punti chiave per le Associazioni, per progredire e ritornare ad assumere un ruolo chiave nell'economia nazionale. **Non pretendiamo che le cose cambino, se facciamo sempre le stesse cose!**

6.4   INDIVIDUALISMO VS SOLIDARIETÀ

Giampaolo Pacini, sul blog Mixnetwork Consulting
(05/2020)

Forse è giusto chiarirci le idee sul significato dei due termini, si capirà meglio il senso del post
INDIVIDUALISMO: Tendenza a svalutare gli interessi o le esigenze della collettività, in nome della propria personalità o della propria indipendenza o anche del proprio egoismo.
SOLIDARIETÀ: Atteggiamento spontaneo, o concordato, rispondente a una sostanziale convergenza o identità di interessi, idee, sentimenti.

Ho partecipato pochi giorni fa ad un webinar, della società di ricerche Eumetra, sul tema dell'atteggiamento della gente, prima e dopo il Covid-19, su alcuni temi generali. Interessanti considerazioni venivano descritte soprattutto sui rapporti sociali. Un aumentato senso della solidarietà, un'affermazione "siamo tutti uguali", il rispetto dell'ambiente non è più un'opzione, ma un obbligo, sul valore della vita e quindi della salute.
Voglio soffermarmi sulla **"solidarietà"** perché in tutti i miei post sulla situazione dell'economia del distretto di Prato, ho insistito sul fatto che l'emergenza è ora, che era necessario intervenire subito su tutti gli operatori del tessile e abbigliamento. In particolare terzisti (subfornitori), sviluppando il senso di SOLIDARIETÀ e costituendo una "unità di crisi" collettiva per attivare SUBITO tutte le azioni possibili per evitare la chiusura di molte imprese che non reggeranno a mesi di fermo e ad una ripresa del lavoro lentissima.
Non arriveremo a risolvere questi problemi aspettando il "Recovery fund", eccezionale intervento, ma tardivo per salvare le imprese che non hanno le risorse per resistere ad un anno di forte crisi.
I miei post (saranno stati letti sicuramente da pochi amici), le lettere inviate alle mie relazioni sullo stesso argomento ed infine

146

un mio intervento in un incontro con operatori rappresentanti la "business community" locale, sulle prospettive del distretto, non hanno avuto alcun riscontro.

Anzi la mia sensazione è che il senso di solidarietà indicato dall'istituto di ricerche non abbia avuto alcun riscontro nella nostra città.

Ogni intervento che ho ascoltato dimostrava una netta posizione individualistica, cosciente della situazione critica, ma propenso a risolverla a livello della propria impresa!

In relazione alla piccola dimensione delle imprese pratesi – non solo terzisti, ma anche lanifici – avremo sicuramente una selezione "darviniana", come ha affermato un noto imprenditore in un incontro, che avrà come effetto la perdita di prezioso know-how, posseduto soprattutto dagli artigiani, che costituiscono la struttura produttive reale del distretto, che andrà disperso e sarà difficilmente recuperabile.

Possibile? Auspicabile? Riflettiamo seriamente!

6.5   DISTRETTO DI PRATO: IL PERICOLO DI RICOMINCIARE COME PRIMA

Sensazioni dal distretto
di Giampaolo Pacini, dal blog Mixnetwork Consulting (6/2020)
Leggendo la stampa (sulla quale è mancato un vero dibattito sui problemi del dopo coronavirus), parlando con imprenditori, con dirigenti delle associazioni datoriali e professionisti, si percepisce il senso di come verrà gestito il "dopo": **cioè ricominciare come prima, gestendo le difficoltà del quotidiano, in attesa di un ritorno alla normalità!**

È indubbiamente una sensazione personale, che potrà essere sicuramente smentita, ma se fosse vera sarebbe una minaccia devastante per le sorti del distretto. La pandemia in realtà influirà profondamente sul comportamento della gente nei consumi, nel modo di impiegare il tempo libero, nei rapporti sociali, nella percezione del degrado ambientale, nella domanda di sicurezza, nelle modalità del lavoro, nella tipologia di abitazioni, nell'uso del digitale.

Se crediamo in questa previsione, senza pensare che tutto tornerà come prima, dovremo adattarci ad alcuni cambiamenti che possono essere così riassunti: **I consumi e quindi la produzione:** dopo la netta diminuzione dovuta non solo al lockdown , ma all'incertezza delle famiglie, si riassesterà non prima di 2/3 anni, ma difficilmente ritornerà ai volumi passati, cambierà in termini di domanda di qualità e durata, salubrità, rispetto dell'ambiente, fasce di prezzo. L'esportazione, determinante per il distretto, riprenderà con estrema lentezza, anche in rapporto alla pandemia in superamento differenziato.

Conseguenze: vendite in calo, potenzialità produttiva inutilizzata, imprese che non differenzino la propria strategia destinate a chiudere, lo stesso per la struttura artigianale terzista, situazione drammatica per la struttura distributiva, che già aveva risentito della crisi del 2008, aumento della disoccupazione con pericolo di disordini sociali, economia locale in crisi **Il lavoro e quindi la gestione delle persone:** la diffusione obbligata del lavoro a casa, proseguirà anche in assenza di pandemia, non in queste proporzioni, ma diffuso come non lo è mai stato. La diffusione della cultura digitale, che è esplosa a livello personale, così non è stato però a livello aziendale, per cui siamo agli ultimi posti in Europa e dovremo recuperare velocemente il gap.

Conseguenze: Alcune positive, come diminuzione del traffico e quindi dell'inquinamento, ma nuove necessità organizzative sono richieste alle imprese sia per adeguarsi allo smart working, sia per evitare l'espulsione di personale per carenze di cultura digitale, per cui le imprese dovranno organizzare attività di formazione permanente interna. Insomma: le persone dovranno essere al centro dell'attività aziendale.

L'impresa e la complessità della gestione: il sistema competitivo richiederà sempre più competenze alle imprese, la dimensione diventerà importante, sia nella distribuzione

148

nazionale e soprattutto internazionale, nella capacità di promuovere ricerca per l'innovazione, sia nell'assetto produttivo se non sostituita da rapporti di filiera rinnovati su nuove basi. **Conseguenze:** la necessità che le imprese siano gestite da dirigenti preparati, che avvengano processi di cambio generazionale nelle imprese familiari, che si sviluppi un nuovo modello di filiera produttiva ("fabbrica virtuale") dove il rapporto tra committenti e terzisti sia innanzitutto alla pari e con accordi stabili.

CONCLUSIONI: PROGETTO PRATO FORTE firmato da territorio e imprese

Se la comunità distrettuale capirà che il sistema attuale, per mantenere grandi vantaggi del passato, va profondamente riposizionato, si arriverà alla conclusione che sarà necessario un progetto condiviso dal territorio, sia pubblico che privato!

6.6 RICOMINCIARE NON SARÀ PER TUTTI FACILE

di Giampaolo Pacini, dal blog Mixnetwork Consulting (6/2020)

Servirà un altro Piano Marshall?
Qualcuno ha paragonato gli effetti della pandemia Coronavirus ad una guerra: in effetti è l'evento più grave che sia capitato dopo la seconda guerra mondiale.

 È stato detto anche che, per affrontare il domani, sarebbe necessario un altro Piano Marshall.

Io credo però che le condizioni per la ripresa saranno notevolmente diverse e più difficili da affrontare e cercherò di spiegarne le ragioni.
Quali sono stati i fattori di successo della ripresa nel dopoguerra?

La carenza di prodotti, soprattutto di prima necessità, erano drammatiche e gli aiuti del piano Marshall furono cotone (27,67%), cereali (17,54%), prodotti petroliferi (15,75%), carbone (13%) e macchinari (15,55%). Uscivamo da una guerra devastante, con un'offerta limitatissima, contrapposta ad una gran "fame" di prodotti, per cui era sufficiente scegliere un bisogno e produrre per avere successo!

Sicuramente un fattore determinante fu la proverbiale creatività italiana e quella, fortunatamente, credo sia inalterata.

Oggi le condizioni di successo sono molto più complesse e la creatività e la voglia di fare non sono più sufficienti! Questa crisi ci coglie in un momento di profondo cambiamento: l'innovazione tecnologica, per esempio, che richiede investimenti, non solo per acquisire le tecnologie abilitanti, ma per diffondere il "pensiero digitale" attraverso la formazione continua.

La situazione post Coronavirus sarà profondamente diversa: non serviranno "commodity" per sopravvivere e "ricostruire" come nel dopoguerra, ma **denaro** per sostenere le imprese, soprattutto piccole e medie , che sono notoriamente sottocapitalizzate e il fermo totale e la mancanza di fatturato le metterà in crisi profonda, che spesso potrebbe concludersi con il fallimento e purtroppo con un aumento della disoccupazione!

Che fare? Molto dipenderà dalle scelte del governo sulla tipologia di aiuti, che dovrebbero essere focalizzati sulla immediata ricapitalizzazione delle imprese, ma non sarà una strategia semplice!

Le banche avranno un ruolo determinante solo cambiando le regole che hanno finora guidato la concessione di finanziamenti (dobbiamo crederci, senza una garanzia dello stato?)

Le imprese dovranno "gestire" con più oculatezza la finanza e la trasparenza dei "conti" per meritare credito, aggiunta ad una capacità di comunicazione delle opportunità di sviluppo dell'impresa stessa e dei fattori che ne determineranno il successo!

Ce la faremo, come si sente ripetere, ma non tutti ci riusciranno, purtroppo!

6.7 CE LA FAREMO! RIPARTIRE METTENDO AL CENTRO LE PERSONE

di Giampaolo Pacini, dal blog Mixnetwork Consulting (01/2020)

Valorizzazione delle persone, tutte!
Coronavirus, questo evento stravolgente ed inatteso ha messo in luce alcuni aspetti interessanti:

- Grande abnegazione del personale sanitario, per consentire una controffensiva alla pandemia
- Veloce reattività di diversi imprenditori nazionali innovativi nel riconvertire la produzione verso presidi sanitari (respiratori, mascherine e camici ed altri articoli protettivi) nuovi progetti innovativi (sviluppo respiratori tradizionali, progettazione nuovi respiratori) utilizzando tecnologie innovative (stampanti tre D)
- Forte senso di solidarietà verso i contagiati da parte dei volontari della Protezione Civile e di altre Onlus, per sviluppare servizi ai più deboli
- Spinta alla realizzazione rapida di nuove strutture para-ospedaliere ed all'allestimento di nuovi reparti e nuovi posti letto (Fiera Milano, nave ospedale a Genova, Alpini a Bergamo)
- Sviluppo rapidissimo dello smart-working, anche in imprese di piccola-media dimensione, che ha messo in evidenza una opportunità per il futuro infatti non si sarebbe diffusa così rapidamente!

Prime conclusioni. le osservazioni mettono in luce un principio incontrovertibile: **al centro di questi fatti ci sono sempre LE PERSONE!**

Questa premessa introduce il principio che, anche nelle imprese, la ripresa avverrà solo **attraverso la valorizzazione delle persone,** a tutti i livelli.

Se analizziamo i fattori di successo di questa strategia ci si rende conto però che non sarà facile diffonderla, soprattutto nelle PMI, dove vige la concentrazione del "potere" nel titolare e la maggior parte dei collaboratori vengono valutati in base alla fedeltà ed alla quantità di ore lavorate!

- Il più importante dei fattori è quello di imparare ad **ascoltare,** tutti: scopriremo contributi eccezionali
- Non meno importante è favorire il **lavoro di squadra,** senza indicare alle persone cosa fare, ma che obiettivi dobbiamo raggiungere
- Dare valore ai risultati ed esprimere **gratitudine,** eccezionalmente motivante le persone ed i gruppi
- Delegare **responsabilità,** definendo regole chiare, ruoli ben definiti ed **obiettivi** da raggiungere, da **verificare** periodicamente con ciascuna delle persone.
- Valutare la **preparazione delle persone** in base all'evoluzione del lavoro e all'adozione di tecnologie innovative, puntando alla **formazione continua** mirata, per evitarne l'espulsione!
- Diffondere il principio di una **gestione leggera** e alla ricerca del **miglioramento continuo.**

Se adotteremo questi concetti otterremo il coinvolgimento delle persone, svilupperemo senso di appartenenza e saremo sicuri di poter affrontare i radicali cambiamenti che dovremo adottare, naturalmente rispettando la "sostenibilità", cioè la possibilità di essere supportati, da un punto di vista finanziario e culturale.

Questo può essere un momento adatto per cambiare strategia!

Naturalmente definendo prima un piano preciso, magari assistiti da specialisti.

6.8 NON SMETTIAMO DI PENSARE, MA PROGETTIAMO SIN D'ORA IL DOPO CORONAVIRUS

di Giampaolo Pacini, dal blog Mixnetwork Consulting (10/2020)

La situazione che si prospetta per le imprese, con la diffusione dell'epidemia di Corona virus, è piuttosto grave: blocco della produzione e quindi delle vendite, calo dei consumi e quindi di fatturato nel mercato interno, calo delle esportazioni, con lo stesso effetto, difficoltà a reperire materie prime provenienti dall'interno e dall'estero e quindi fermo della produzione, difficoltà derivanti da eventuali casi di Corona virus in azienda, con interruzione dell'attività e quarantena per tutti i dipendenti, mobilità ridotta per il rischio d'infezione e quindi relazioni ridotte, con clienti e fornitori, inefficienza dei servizi alle imprese ed alla persona, blocco del turismo in entrata ed in uscita con effetti disastrosi sulle attività legate a questo settore.

Insomma potremo continuare ancora ad elencare effetti negativi e quindi grave CRISI incombente.

CRISI etimologicamente significa "momento cruciale" (ne negativo ne positivo!) e quindi momento in cui si prendono decisioni importanti: dovrebbe essere noto a tutti che le imprese più dinamiche hanno sempre saputo sfruttare i periodi di crisi per migliorare la propria competitività!

La prima reazione dell'imprenditore sarà sicuramente: **"…..abbiamo problemi talmente gravi da risolvere (soprattutto liquidità!) che non possiamo distrarci con attività complementari senza effetti immediati!"** Ed è vero! Quindi la prima azione riguarderà:

* **Un'analisi puntuale della situazione finanziaria**
  Il problema principale sarà di tipo finanziario, dopo un periodo senza fatturato, che si spera sia breve – ma le prospettive non sembrano orientate in tal senso – solo le imprese capitalizzate non avranno problemi.

153

Sarà indispensabile un esame rigoroso della situazione patrimoniale, si dovrà ipotizzare il fatturato fino alla fine del 2020 e per il 2021, con i quali si potrà redigere un piano finanziario e definire le necessità di finanziamenti supplementari, per garantire una gestione equilibrata così da poter svolgere un'azione corretta nei confronti degli istituti bancari.

Per questo sarà necessario presentare piani di "ripresa" strutturati credibili, ma flessibili, che favoriscano la concessione di credito supplementare. Sicuramente molto dipenderà anche dagli aiuti che il Governo progetterà, auspicabile soprattutto siano rappresentati da garanzie nei confronti delle Banche, ma non possiamo sperare di ottenere denaro senza dimostrare di conoscere con rigore e competenza la situazione della propria impresa e la coscienza delle prospettive di rientro di un finanziamento straordinario. UNA FUNZIONE CRUCIALE QUESTA che richiede però competenze specifiche, che se non fossero presenti in azienda, sarà opportuno ricorrere ad esperti esterni. Le imprese debbono decidere questa strategia ORA e non quando la crisi sarà passata: sarebbe troppo tardi!

Le imprese più attente sapranno però anche "aggiungere" sicuramente all'emergenza, delle attività di miglioramento della loro competitività, i cui risultati saranno preziosi all'uscita dalla crisi, visto che ne usciremo! Su cosa focalizzarsi?

- **La verifica della relazione con i clienti**
  Approfondire la conoscenza del Cliente è un'esigenza cruciale per l'impresa, per adottare una strategia di conquista e di fidelizzazione sulla base della soddisfazione delle sue "attese". Poiché esse cambiano rapidissimamente richiedono grande flessibilità e spirito di adattamento, con interventi sul prodotto e sul servizio al Cliente. Quando il Cliente è un'impresa, (B2B) è indispensabile "gestire" la relazione, approfondendo i fattori che possono fidelizzarlo, utilizzando

strumenti digitali specifici che facilitino la relazione, registrando puntualmente caratteristiche, attese ed azioni (CRM) e gestendo il Cliente "uno-per-uno" Quando il cliente è un consumatore (B2C) è indispensabile capire chi acquista i nostri prodotti e come le sue attese cambiano nel tempo, usando per esempio la possibilità di reperire informazioni attraverso i "social", verificando anche nuove opportunità di nuove fasce di consumatori conquistabili.

- **La verifica puntuale dei risultati di vendita di ciascun "prodotto in gamma"**
  In azienda, così come si trascura spesso l'osservazione dei risultati Cliente per Cliente, in tempo reale, anche per i prodotti succede di solito la stessa "distrazione": è buona pratica invece analizzare l'andamento delle vendite di ogni prodotto, per percepire in tempo eventuali necessità d'intervento, per allungarne il ciclo di vita. Per questo esistono strumenti digitali specifici che permettono di seguire "giornalmente" l'andamento delle vendite, del prezzo medio, del margine di ciascun prodotto: strumenti di "business intelligence" di facilissima applicazione.

- **Migliorare la "sostenibilità" del prodotto, attuando così un atteggiamento "etico", ma contemporaneamente acquisendo un vantaggio competitivo rispetto ai concorrenti**
  Questo risultato si può ottenere lavorando sull'intero processo: sulle materie prime, valutando come diminuire l'impatto sull'ambiente e favorire il riciclo, lo stesso per esempio sugli imballi da modificare con lo stesso criterio, con un'attenzione anche alla riduzione dei costi di processo.

- **Migliorare le competenze delle "persone" attraverso la formazione, per evitarne l'espulsione**
  Il lavoro nell'impresa sta subendo grandi cambiamenti e richiederà sempre maggiori e diverse competenze, soprattutto in relazione alla digitalizzazione. Se non vogliamo che le persone che ci hanno accompagnato

nel nostro sviluppo debbano in tempi brevi esser emarginate e poi espulse, dobbiamo promuovere un'attività di formazione interna, usando tempo di lavoro retribuito e finanziandolo con interventi pubblici specifici sulla digitalizzazione.

CONCLUSIONI:NON SARÀ FACILE MA CE LA FAREMO

Non è il caso de cadere in depressione, chiudendosi a riccio e aspettando tempi migliori, che verranno sicuramente, ma con condizioni di successo completamente cambiate!

È necessario costruire il futuro pensando agli errori del passato, attuando strategie "aperte" e "flessibili" da adattare via via che si manifestano eventi che le influenzano!

6.9 DIALOGHI SU PRATO: IL SISTEMA ECONOMICO, LA PANDEMIA, IL CAMBIAMENTO SECONDO PRATOFUTURA

(09/2021)Stefano Betti, presidente

Il presidente Betti introduce mettendo in grande evidenza:

- Il piccolo non è più bello
- Il modello d'impresa attuale non è quello migliore per affrontare il futuro
- Obiettivi di sviluppo raggiungibili con gruppi d'imprese, fusioni, consorzi, acquisizioni, accordi e partenariati
- Olivetti come modello di valorizzazione dell'ambiente di lavoro, ispiratore della crescita personale, del benessere psicologico e del welfare in azienda. Olivetti che ha saputo conciliare la logica dell'efficienza con quei valori di etica del lavoro, che sono alla base della democrazia e del buon vivere.

(NOTA dell'A)

Considerazioni che non possono che essere condivise e considerando il carattere di chi le esprime, anche sincere.

Purtroppo però auspicate per un sistema locale poco coerente con questi comportamenti, caratterizzato com'è da un individualismo spinto, da un approccio imprenditoriale più tattico che strategico, nessuna capacità di condivisione su una strategia distrettuale condivisa.

Non c'è che augurarci il miracolo!

Aggregarsi per competere: racconto del progetto di Pratofutura

Daniela Toccafondi

Una sintesi esaustiva delle osservazioni di questa puntuale analisi della situazione del distretto e dell'importanza delle aggregazioni è la seguente:

- **Riaffermazione dell'eccellenza delle proposte** del tessile pratese, in termini di collezioni di filati e tessuti innovativi

157

- **Approccio alla sostenibilità dell'ambiente** con una marcata attenzione al riciclo dei materiali, che si faceva a Prato cento anni fa quando nessuno pensava all'economia circolare
- **Il sistema delle filiere produttive non era più granitico** già prima della pandemia
- **Grandi difficoltà nel distretto, dovute al fermo durante il Coronavirus,** anche se molte imprese avevano trovato alternative nel settore dell'arredamento e del tessile tecnico
- Alla domanda: siamo ben organizzati per affrontare le nuove sfide competitive e c'è un modo per rendere i processi più efficaci? Difficile dare risposte in un sistema disomogeneo e la necessità e **nell'affrontare il problema in modo collettivo**
- **Ancora il dubbio sulla dimensione minima delle imprese:** con grossi limiti a partecipare alla ricerca, all'innovazione, ai bandi.
- **È assolutamente indispensabile fare una lettura di filiera o di distretto,** come aggregato d'imprese e non come singola azienda
- Emerso in modo dirompente **l'effetto che la digitalizzazione** avrebbe portato nei rapporti di filiera e della necessità di progetti concreti di formazione
- È anche emersa nei vari confronti la consapevolezza che nella filiera fossero già presenti anelli deboli e che bisognava **porre attenzione ala capacità di autofinanziamento delle imprese**
- I sindacati in una lettera aperta ribadiscono la necessità di **reti d'imprese forti** legate fra loro possibilmente con scambi di quote societarie nell'interesse comune
- Si fa strada tra i soci l'idea di approfondire l'analisi dei fenomeni di aggregazione, partecipazione, networking fra imprese per la costituzione di catene di fornitura

(NOTA dell'A)
Qui non è possibile evitare di notare come emerga soltanto ora questa necessità, quando se ne parla da un trentennio! Un'altra utopia per iempirsi la bocca?

Le voci degli altri
dalle interlocuzioni con gli ospiti si respira un clima di grande preoccupazione: una previsione su cinque anni:

La prima osservazione riguarda la riduzione del numero d'imprese e l'effetto sulla potenzialità produttiva
Cosa succederà nei prossimi anni?
Ci si aspetta comunque **un cambiamento nei rapporti tra committenti e aziende di fase** (Terzisti e Lanifici), con probabili contratti più formalizzati, ...forse in forma scritta (sic!)

La seconda osservazione riguarda lo spostamento di ottica verso il concetto di filiera, con la necessità di **"meno player con le spalle più forti"** e **un upgrading del prodotto** con più valori intangibili
Una proposta è anche quella di dare **forma giuridica** al distretto per una organizzazione snella ed una governance accentrata.

La terza osservazione riguarda la spinta verso la digitalizzazione con tutto ciò che ne comporta.

Il nuovo ruolo delle associazioni di categoria nel farsi carico in forma aggregata dei problemi e delle attese condivise dai singoli membri.

Le posizioni delle associazioni datoriali:

Confindustria Toscana Nord

- **DOMANDA: L'economia pratese fra cinque anni?** aziende con fatturati medi più grandi per sostenere costi di ricerca, sostenibilità, marketing, comunicazione, digitalizzazione richiederanno soglie minime di dimensione, soprattutto nei Lanifici.
- **Una maggior integrazione di filiera** perché l'ecosistema terzista straordinario patrimonio del nostro distretto (sic!) avrà crescenti difficoltà a riprodurre i livelli di servizio che ha sempre garantito
- Ma come si realizzeranno questi due obiettivi?
- Necessità di chiarire la posizione verso il comparto confezione (cinese) **il "manifatturiero diverso"** visto che Prato è diventata la prima provincia nel settore abbigliamento

DOMANDA: il distretto industriale è adeguato per affrontare il cambiamento?

- **Prato ha sempre saputo reagire prontamente ai cambiamenti e quindi lo sarà ancora.** Ma l'inizio del nuovo secolo ha sconvolto i parametri competitivi e la forma organizzativa di distretto sta mostrando alcui punti deboli.
- **Imprese più forti per far restare grande, complesso, robusto e attrattivo anche il sistema locale.**

DOMANDA: Molti dicono che le imprese sono troppo piccole: quali forme di crescita?

- Importanti essere grandi per poter inserire in azienda nuove competenze, come manager (Digitalizzazione, sostenibilità)

(NOTA dell'A)

Impossibile resistere a far notare che l'inserimento di manager non è mai stato un problema di soldi, perché molti addetti commerciali formati nelle aziende hanno stipendi considerevoli: il problema è culturale, la capacità cioè di riconoscere i limiti culturali dei manager "fatti in casa"

Ricordo cosa diceva il dott. Parenti – citazione già presente in un capitolo precedente - dal senso degli affari, tipico dei pratesi bisogna passare alla **"cultura degli affari"** *concetto mai assorbito dall'imprenditoria locale.*

- L'obiettivo richiede una evoluzione del pensiero imprenditoriale, da una gestione accentrata a una delegata, ma non sarà facile
- Le aggregazioni orizzontali hanno il vantaggio che sono costituite da imprenditori che parlano lo stesso linguaggio (sic!)
- Non vi sono scelte definite, ma lasceremo decidere ai nostri associati (sic)

DOMANDA: Le abitudini e le scelte di consumo cambieranno? cambieranno i rapporti tra le aziende? E il ruolo delle fiere?

- Più richieste per articoli con performances tecniche rispetto alla estetica, e la sostenibilità sarà un valore imprescindibile.
- Importanza crescente del servizio
- Connotare il territorio per l'economia circolare e la sostenibilità

DOMANDA: le opportunità formative sono adeguate?
- Molti progetti in corso di realizzazione

DOMANDA: tra velocità di consegna e picchi di lavoror il mercato del lavoro è adeguato?
- C'è il rischio di una maggior rigidità, dovremo enere duro

DOMANDA: quali sono i ti chiave di un'impresa?

- La sostenibilità
- Il riciclo
- maggiore specializzazione con limitazione dell'offerta

DOMANDA il ruolo delle associazioni di categoria

- importante è che i soci "partecipino"

DOMANDA: cosa ci si aspetta dalla politica locale

- Occorre avere un progetti generale condiviso (sic!)
- Abbiamo pochi rappresentanti nella Regione toscana

Confartigianato:

DOMANDA: come immaginate l'economia pratese fra cinque anni?

- Un distretto più "asciutto" in termini di numero d'imprese e reti relazionali
- Cambiamento radicale delle relazioni tra gli attori della filiera

DOMANDA: il distretto industriale è adeguato al cambiamento?

- Cambiamento della cultura imprenditoriale ancora ancorata al passato

DOMANDA : la dimensione delle imprese troppo piccole, quali forme di crescita?

- Possiamo rimanere **"piccoli come api, ma dobbiamo vivere come in un alveare"**!!
- Aggregazioni, accordi di filiera **non con lo scopo di gestirla secondo la convenienza del momento,** com'è avvenuto finora

DOMANDA: le scelte di consumo cambieranno?

- Le scelte del consumatore sono dinamiche e di difficile interpretazione soprattutto in un momento difficile come questo

DOMANDA: le opportunità formative sono adeguate?
- assolutamente no!

DOMANDA: tra velocità di consegna e picchi di lavoro il mercato del lavoro è adeguato?
- Una maggior comunicazione tra committenti e subfornitori è indispensabile per evitare effetti "imbuto" e i Lanifici debbono considerarla non una perdita di leadership ma una fidelizzazione del subfornitore

DOMANDA : il ruolo delle associazioni di categoria?
- Facilitare la transizione, essere promotrici della sperimentazione, ma non si possono sostituire agli imprenditori che debbono essere i veri protagonisti

DOMANDA cosa ci si aspetta dalla politica locale?
- Facilitare l'attività d'impresa realizzando le infrastrutture necessarie

CNA
DOMANDA: la situazione economica di Prato
- le maggiori difficoltà sono nelle piccole imprese contoterzi, con la poca redditività delle loro imprese e la scarsa capacità di imporre tariffe remunerative

DOMANDA: l'economia pratese fra 5 anni?
- Assoluta necessità di un'adeguata redistribuzione del valore e della redditività lungo tutta la filiera affinché si creino le condizioni per investire in nuove tecnologie

- Cambiamento delle relazioni tra terzisti e Lanifici con una maggior collaborazione, magari accettando di perdere una parte di "sovranità"
- Effettuare una selezione delle imprese che non hanno più ragione di esistere , ricercando soluzioni di uscita indolore.

DOMANDA: Il distretto è adeguato per affrontare il cambiamento?

- Abbandono del concetto di "ipercompetizione interna" che impoverisce solo le piccole imprese

DOMANDA: Le dimensioni delle imprese sono troppo piccole. Quali forme per la crescita?

- Le nuove tecnologie digitali come strumento di riforme organizzative con uno sforzo richiesto alle imprese committenti facilitandi queste aggregazioni, magari soft.

DOMANDA: le abitudini di consumo cambieranno? E il ruolo delle fiere?

- Sono cambiate da anni e per questo si richiede al distretto risposte unitarie coerenti alla nuova domanda
- le fiere hanno nella realtà perso il loro ruolo di strumento di vendita, e la necessità crescente di co-progettazione con cliente, che valorizza il "tatto" è indispensabile

DOMANDA: le opportunità formative sono sufficienti?

- Mancata sensibilizzazione deei giovani già nelle scuole
- Realizzazione del progetto "Laurea in Perito tessile" che il PIN sta progettando.

DOMANDA: dispersione di professionalità, problei di successione e poca attrattività del settore manifatturiero?

- una dispersione iniziata da tempo e i giovani non sono stimolati ad entrare nel settore: redditività delle imprese, informazione a livello scolastico sulle opportunità offerte dal settore

DOMANDA: Ruolo delle associazioni di categoria

- debbono fungere da catalizzatori di idee, progetti, iniziative valutare la loro fattibilità in termini di ricadute sul territorio e facilitare la loro realizzazione facilitando il loro finanziamento

DOMANDA: Cosa ci si aspetta dalla politica locale?

- Creare un terreno fertile alle iniziative

DOMANDA: quali strumenti per rendere attrattiva Prato, per investimenti e finanziamenti privati?

- Investire in marketing territoriale
- Il distretto come soggetto giuridico potrebbe portare sulla città finanziamenti europei che l'impresa da sola non sarebbe capace di ottenere

6.10   STRATEGIA CONSAPEVOLE

Giampaolo Pacini su sito Mixnetwork Consulting
(2021)
Una strategia consapevole..........invece di farsi bloccare dalla pressione al cambiamento forzato, inteso come unica soluzione alle attuali difficoltà dell'impresa.
Certo che, quando usciremo dalla crisi profonda provocata dal Corona Virus si accentueranno i cambiamenti. Mercati nuovi, con nuovi modi di produrre, distribuire, comunicare; con una instabilità economica e crisi dei modelli di sviluppo; una società "liquida" e digitalizzata.
Per rispondere a questo scenario complesso e incerto, le imprese verranno spinte da più parti a rompere drasticamente i loro modelli organizzativi – ma gli imprenditori, giustamente –

restano incerti di fronte a ciò che apparirà spesso un vero salto nel buio.

Noi crediamo che le imprese non debbano sottovalutare il cambiamento straordinario in atto del sistema competitivo in cui operano, soprattutto con gli effetti del Corona Virus, ma che dovranno adottare strategie personalizzate e consapevoli dei gap da superare, con una rapidità che sia però sostenibile. **Questo è il processo di "strategia consapevole" che suggeriamo,** specialmente alle medie e piccole imprese:

- Presa di coscienza dei cambiamenti in atto, quelli futuri e del loro impatto sull'impresa.

- Analisi degli effetti che questi cambiamenti avranno sulla competitività dell'impresa.

- Definizione delle priorità per lo sviluppo della propria impresa, in rapporto anche alla posizione competitiva, al settore, alla tipologia di clienti, alla catena di fornitura.

- Valutazione precisa, con un piano di azioni da attuare e risorse necessarie, in termini di persone ed investimenti

- Inizio di un piano di adeguamento, tenendo a memoria i cambiamenti che abbiamo definito non prioritari, ma che dovranno essere adottati in seguito.

Si tratta evidentemente di un cambiamento di "cultura d'impresa", che funziona con questi vincoli:

- Un coinvolgimento serio e determinato della proprietà e del management dell'impresa;

- la presenza di "facilitatori" esperti, che accompagnino l'impresa alla transizione, diffondendo questo nuovo modo di pensare, **mettendo soprattutto al centro le persone.**

POSTFAZIONE

Dal 1975 fino al 2022, quando ho abbandonato la professione, sono stati anni di grande soddisfazione per l'impegno, per gli incontri con persone di grande spessore, per le esperienze che ho potuto vivere.

La testimonianza l'ho ricevuta quando su Linkedin e su Facebook ho annunciato la mia intenzione di lasciare la professione e ho ricevuto complessivamente più di cento commenti che ho raccolto in un libretto dedicato a mia figlia e ai miei nipoti:

"Accorgersi di aver lasciato il segno"

BIBLIOGRAFIA

Iris
Il mercante di Prato, Rizzoli 1979
Donato Berardi, Marco Romagnoli,
L'area Pratese tra crisi e mutamento, Consorzio Centro Studi,1984
Andrea
Ricerche Immagini e testimonianze sul futuro di Prato,
Pratofutura 1986
a cura di Pratofutura,
Problemi e prospettive dell'industria tessile pratese, Pratofutura, 1986
Francesco Colonna, Erika Della Casa,
Le buone società: Toscana, Costa e Nolan, 1986
Alfiero Falorni, Fabio Sforzi,
Materiali per un'interpretazione dello sviluppo economico della Toscana, IRPET 1989
Gianni Lorenzoni,
L'architettura di sviluppo delle imprese minori, Il Mulino, 1990

Quaderni di SPRINT
Analisi dell'automazione della filatura cardata, Sprint 1990
AA.VV.
Pratofutura 1988/1991, Pratofutura,1991
Doriano Cirri e Monica Marinari
Strumenti per la programmazione della formazione professionale pratese,
Associazione Intercom n°9, 1991
A.Balestri
Imprenditori e distretti industriali, Pratofutura 1994
Censis
Riprogettare Prato: scenari dell'economia pratese nelle tensioni anni '90,
Quaderni dell'Osservatorio Censis, 1994
Pratofutura
I servizi perle imprese nel distretto tessile pratese,
Sez. Terziario Innovativo UIP 1996
CCIAA Prato
Prato Quality, CQT, Centro Qualità Tessile, 1996
Aldo Bonomi,
Il trionfo della moltitudine, Bollati Boringhieri, 1996

Centro studi Unione Industriale
L'albero e la foresta: protagonisti dei distretti industriali italiani,

Guerini & Associati, 1997

Giuseppe De Rita, Alo Bonomi
Manifesto per lo sviluppo locale, Bollati, Boringhieri, 1998
AA.VV coordinamento iCirri, M.Fabozzi
Progetto sperimentale interprofessionale per il comparto maglieria Prato-Pistoia,
FIL Prato 1998
Giacomo Becattini
Il Bruco e la Farfalla: Prato una storia esemplare dell'Italia dei distretti,
Le Monnier, 2000
Giacomo Becattini
Miti e paradossi del mondo contemporaneo, Donzelli editore, 2002
Unione   Industriale
Flanelle& Velours - Lanifici e impannatori a Prato 1950-1975,
UIP 2002
Mario Minoia
Impresa distrettuale e competizione globale,
EGEA, studi e ricerche, 2002
Giampaolo Pacini
Visione e strategie unitarie: rassegna stampa 2002/2003 sul distretto,
Mix consulting Network, 2003
AA.VV.
Prato, la città, il distretto, il futuro, Pentalinea, 2004
Fabiano Magi, Michele del Campo,
Progetto For Leader Riflessioni sul distretto pratese, idee a confronto,
FIL, Sophia, Confartigianato,...2006
G.Johanson, R.Smyth, R.French
Oltre ogni muro: i cinesi di Prato, Pacini Editore, 2009
Edoardo Nesi
Storia della mia gente, Bompiani Overlook, 2010
AA.VV, conclusioni E.Rullani
CNA Emilia Romagna: Storie di successo aziendale, F.Angeli, 2010
XII Forum Piccola Industria
Le nuove rotte delle PMI, Confindustria Prato, 2010
Fabrizia Paloscia
Fabbrica Ethica, un'utopia applicata, Edifir, 2011
Stefano Micelli,
Futuro artigiano, I Grilli, Marsilio, 2011
Monica Pacini
100 anni di Unione 1912/2012, Confindustria Prato, 2012

Edoardo Nesi
Le nostre vite senza ieri, Bompiani, 2012
Alessandro F. Giudice
Il volo dei calabroni, come le PMI italiane vincono la legge di gravità,
F.Angeli, 2012
Giorgio Bernardini
Chen contro Chen, la guerra che cambierà Prato, Round Robi, 2014
Claudio
Etica pane quotidiano, F. Angeli, 2015
AA.VV.
Genius loci, Gruppo editoriale, 2016
Fabio Bracci
Oltre il distretto: Prato e l'immigrazione cinese, Aracne, 2016
Paola Garvin, Caterina Tocchini
La Povertà in Toscana, Regione Toscana, 2017
Andrea Balestri
Tra Prato e Carrara: tre passi nella storia e una finestra sul futuro...,
Società Editrice Apuana, 2021

INDICE

Printed in Great Britain
by Amazon

32183864R10099